D1723843

Reshad Feild
Mit den Augen des Herzens

RESHAD FEILD

Mit den Augen des Herzens

Aus dem Englischen
von Stefan Bommer und
Simone Koller

Arbor Verlag
Freiamt im Schwarzwald

Herausgegeben von Bruce Miller.
Alle Texte ohne andere Autoren- oder Quellenangabe
stammen von Reshad Feild.
Die Originalausgabe erschien unter dem Titel
Reason is Powerless in the Expression of Love
bei der Chalice Guild, Seattle, WA, 98104.

© der deutschsprachigen Ausgabe
Arbor Verlag, Freiamt, 1998
Alle Rechte vorbehalten.

Buchgestaltung und Satz: Robert Cathomas
Rückseitiges Foto von Reshad Feild: Barbara Feild
Druck und Verarbeitung: Ebner Ulm

ISBN 3-924195-47-1

Inhalt

TEIL III

Vorwort

Es war in Los Angeles, im Jahr 1974. Das „Festival des Lichts", ein Nonstop-Buffet von Seelenforschern, Astrologen, Rohköstlern und „Wohlbefindlern", ließ uns alle in der kollektiven Katharsis schwelgen, die unter dem Namen *New Age* bekannt ist. Wir waren Auserwählte, ausersehen, die Erinnerung an Richard Nixon und die Vietnam-Tragödie mit einer Zukunftsnostalgie auszuradieren – einer Wassermann-Zukunft, die nach kosmischem Fahrplan garantiert eintreffen würde. Einfach einsteigen und mitmachen; was könnte einfacher sein?

Als Redner über Redner das Publikum einluden, seine oder ihre persönliche Erfahrung zu teilen, begann ich zu spüren, daß das spirituelle Phänomen überaus narzißtisch ist.

Die Sentimentalität führte dazu, daß ich mich zunehmend unwohl fühlte, und doch hatte mich mein eigenes tiefes Sehnen und Fragen nach dem Sinn des Lebens zu dieser Veranstaltung hingezogen. Als kleines Kind war ich einmal aufgewacht mit dem Gefühl, daß eine tiefe Frage an mir zöge – „was ist jenseits des Universums?" In jenem Blitz von Ehrfurcht und Wunder ergab das Melodrama des Lebens, wie ich so im Bett lag, keinen Sinn.

Welches ist die Bühne, auf der unser Leben seine Rolle spielt? Meine Mutter beruhigte mich und sagte, ich solle wieder schlafen gehen. Ich tat es nicht.

Der nächste Festivalredner war ein ziemlich obskurer Engländer, ohne irgendeine beschreibende Bezeichnung hinter seinem Namen auf dem Programm. Hervor trat ein kahlköpfiger und bärtiger Gentleman, der mit einer pelzbesetzten Weste bekleidet war und zwei Fischbein-Wünschelruten bei sich trug. Ich hatte ihn schon vorher in der Halle bemerkt, als er einer jungen Frau gezeigt hatte, wie die Ruten sich nach oben, zu seinem Herzen, bogen. Seltsam, wirklich. Sein Name war Reshad Feild.

Als er zu sprechen begann, stellte sich heraus, daß der Klang seiner Stimme frei von der Sentimentalität war, die ich allmählich als „spirituell" akzeptiert hatte. So klar, so direkt, schockierend normal! Doch seine geradlinige Art trug eine Leidenschaft mit sich, die auf dem Grund meines Seins widerhallte. „Wagen wir es, aus der Zeit herauszutreten, unser Leben zu opfern, um die Plattform für den zweiten Zyklus der Menschheit zu bauen?"

Wie klein erschien meine selbstzentrierte Perspektive im Kontrast zu den großen Zyklen des menschlichen Schicksals. Ein tiefes Wiedererwekken der Verantwortung und des Geburtsrechts des Menschen wogte darin – es gab kein Zurück mehr. Reshad bot an, in Los Angeles eine Schule zu eröffnen, aber er warnte uns, daß wir die ganze Arbeit machen müßten. Ich unterzeichnete.

So wurde das Institut für bewußtes Leben geboren, ein Vierzig-Tage-Experiment, zu dem Schüler aus ganz Amerika, Kanada, Mexiko und England anreisten. Es war etwa nach der dritten Woche, während eines *dhikr,* als es mir dämmerte, daß diese Schule mit Sufismus, der seine Wurzeln im Islam hat, verknüpft ist. „Was tut ein guter jüdischer Junge eigentlich an einem solchen Ort?" fragte ich mein perplexes Selbst. Ja, ich war eine Verpflichtung zur Wahrheit eingegangen, und nun fand ich mich, in einem *dhikr*-Zirkel sitzend, wieder. Ich versprach mir selber, mich nicht mit der religiösen Form zu identifizieren und fuhr fort, die Gebete zu sprechen.

Ich entdeckte, daß der Sufi-Weg nichts mit Form zu tun hat. Sufi kommt von der Wurzel *suf,* was „Wolle" heißt, und von *saf,* was „rein und anpassungsfähig wie Wasser" bedeutet. Die lebenden Wurzeln meines eigenen religiösen Erbes wurden durch die Sufi-Tradition erweckt.

Unnötig zu sagen, daß die Schule mehr als vierzig Tage dauerte. Im Laufe der Jahre ist die Schule unter verschiedenen Namen aufgetaucht, mit verschiedenen Graden von Form und Formlosigkeit, in verschiedenen Städten, verschiedenen Kontinenten, und in ständig wechselnder Besetzung. Das volle Drama des Lebens ist durch seine Tore geströmt. Hier und dort hat Reshad die Lehren des Sufismus, Islams, Christentums, Judentums, Buddhismus, Zoroastrismus, der Gurdjieff-Arbeit, des kaukasischen Yoga und sogar Vorschriften der Royal Navy eingebracht.

Trotzdem ist die Schule paradoxerweise weder eklektisch geworden, noch wurde die Integrität der einen Tradition je auf Kosten der anderen geopfert. Im Laufe der Jahre entstand eine Kontinuität, die auf der kompromißlosen Bejahung der Einheit und der Aufnahmefähigkeit für das Bedürfnis des Augenblicks gründete.

Die Artikel in diesem Buch sind das Produkt der Schule. Viele der Beiträge wurden erst kürzlich für dieses Buch geschrieben. Andere wurden von Vorträgen, die Reshad gehalten hat, transkribiert. Die Kapitel folgen Hauptthemen der Schule, um eine Einführung für den Schüler auf dem Weg zu formen. Die Gebete und Gedichte wurden einbezogen, so daß das Buch ebenso als Andachtsquelle wie als informatives Werk dient.

Alles in allem zeichnen die Essays, Gedichte und Gebete ein Bild der Schule, die eine Verschmelzung von Leidenschaft und Wissen, Liebe und

Opfer, Mystizismus und gesundem Menschenver-
stand ist. Dieses Buch ist das Produkt jener Liebe
– und jenes Opfers. Ich hoffe, die Botschaft, die es
trägt, hilft mit, Sie zu Ihrem eigenen Anfang zu
bringen.

BRUCE MILLER
Atlanta, GA, 15. April 1990

Einführung

Es gibt tausend und ein Buch über das Thema unserer Lebensreise. Der spirituelle „Supermarkt" ist ein Riesengeschäft. Auf der Internationalen Buchmesse in Frankfurt vertreiben über 8000 Verlage ihre Ware unter einem Dach. Die Energie ist wirklich erstaunlich, und man weiß kaum, wo man anfangen könnte, nach einem Buch zu suchen, das uns durch dieses schwierige Labyrinth, das wir „Leben" nennen, leiten kann.

Es gibt etwas sehr Wichtiges, woran wir uns an einer Veranstaltung wie der Buchmesse erinnern sollten. Bei all den Hunderttausenden von Titeln und den vielen verschiedenen Themen, die dem interessierten Leser angeboten werden, gibt es etwas, das alle Personen gemeinsam haben, wer immer sie sind und woher auch immer sie kommen. Es ist das Element der Luft. Jede einzelne Person, die diese endlosen Reihen abschreitet, atmet dieselbe Luft. Was für ein außergewöhnliches Erwachen könnte es geben, wenn alle diese Tatsache zur selben Zeit erfassen würden. Ich möchte gerne wissen, wie viele Leute für einen Moment wirklich anhalten, um sich dies zu vergegenwärtigen; denn das, was mit der Luft geschieht, nachdem sie in unseren Körper eintritt und dann auf dem Ausatmen in die Welt geschickt wird, ist mit Sicherheit das, was zählt.

Atem ist Leben. So oft wird uns das gesagt. Und das Leben ist sowohl ein Mysterium als auch eine Verantwortung, die beide gleichzeitig erwogen werden müssen.

So hatte ich trotz dieses vielfältigen Buchangebots immer noch das Gefühl, auf den Regalen gäbe es noch Platz für einen weiteren Beitrag. Dies ist ein Buch, das der Leser zufällig aufschlagen kann, wann immer er oder sie möchte. Ich hoffe, daß auf einer der Seiten etwas Nützliches als Wegweiser auf dem Weg erscheinen wird. Vielleicht kann zwischen den Zeilen eine Antwort gefunden werden, wie in jenen seltenen Augenblicken, da wir aufhören zu denken und sich vor uns ein weiter Raum der Möglichkeit eröffnet. Ebenso wie die Luft, die wir atmen, zählt in Wirklichkeit das, was wir mit der Endlosigkeit anfangen, die hinter und in den Worten liegt.

Glücklicherweise gibt es Schulen und Lehrer in der lebenden Tradition der Wahrheit. Ich hoffe, alle aufrichtigen Sucher auf dem Weg mögen – Schritt für Schritt – geführt werden, um auf die Straße zu gelangen, die zur Liebe führt.

RESHAD FEILD
Zürich, Juni 1991

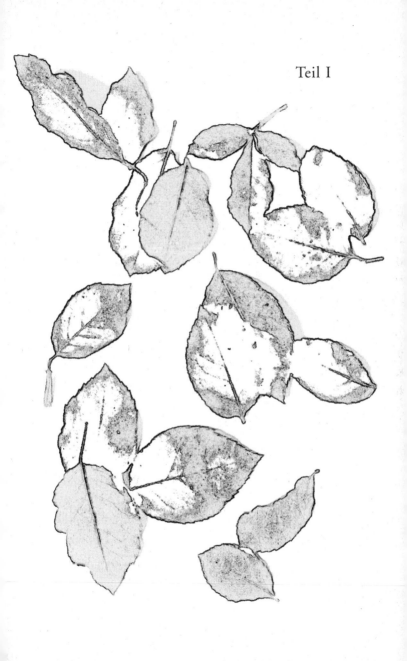

Teil I

Komm, komm, wer immer du bist,
Wanderer, Götzenanbeter,
du, der du den Abschied liebst,
es spielt keine Rolle.
Dies ist keine Karawane der Verzweiflung.
Komm, auch wenn du deine Schwüre
tausendmal gebrochen hast.
Komm, noch einmal: komm, komm.

MEVLANA JALALUDDIN RUMI

Vernunft ist machtlos
angesichts der Liebe

Ein großer Scheik in der Türkei sagte mir einmal: „Die Welt ist voll von euren Gebeten. Alles, was wir jetzt brauchen, ist Liebe." Ich fragte mich nach der Bedeutung dieser Worte, und es dauerte viele Jahre, bevor ich verstand, daß wirkliche Veränderung in der Welt nur eintreten kann, wenn wir die Bedeutung von Liebe kennen – von bewußter Liebe. Wir müssen die Kenntnis von Liebe haben, die Kenntnis von Gott – denn Gott ist Liebe. Und doch, wie können wir dies ohne Kenntnis tatsächlich erkennen?

Der Scheik sagte: „Alles, was wir brauchen, ist Liebe." In den Ländern, in denen jeder schon vor Beginn der Suche die Einheit Gottes anerkennt, wird die Notwendigkeit wirklicher Kenntnis verstanden. Hier im Westen aber, wo so vieles vergessen wurde in der Menschen Gier und Unwissenheit, in ihrer unaufhörlichen Suche nach Geld und Macht, sprechen die Leute derart vage über Liebe, daß sie beinahe alle Bedeutung verloren hat. Hier sprechen wir über Liebe, und doch gehen wir weiter durch die Straßen wie

Schlafwandler, erwachen kaum einmal zur wirklichen Welt, die eine Welt der Liebe ist. Sie ist eine Welt, die die Kenntnis der Liebe birgt – des reinen Lichts und der vollkommenen Ordnung. Sie ist keine Welt des Chaos, wie es die unsrige heutzutage ist.

Ralph Waldo Emerson sagte: „Weh dem, der darunter leidet, vom Schicksal betrogen worden zu sein." Und doch nimmt die Menschheit dieses Schicksal mit seiner Ebbe und Flut an, als ein Geburtsrecht und als Gelegenheit zur Selbstbefriedigung, ohne jede Verpflichtung als Gegenleistung. Dadurch, daß wir geboren werden, gehen wir eine implizite Verpflichtung ein, und diese besteht darin, daran zu arbeiten, uns selbst kennenzulernen. Wir finden die wirkliche Welt dadurch, daß wir unsere Verantwortung, als Mann und Frau geboren zu sein, verstehen – der Widerhall, der aus dem größeren Willen Gottes kommt, nicht bloß aus dem Chaos, das unseren Versuchen entspringt, unseren eigenen kleinen Willen zu folgen auf Kosten des Ganzen. Es ist nicht schwierig, zu sehen, wohin uns das geführt hat, nicht wahr? Können wir nicht sehen, was schon geschehen ist? Es ist nicht schwierig, uns umzuschauen – wenn wir uns dem Aufwachen tatsächlich stellen können – und die Ergebnisse unserer eigenen Dummheit und Eigensinnigkeit zu sehen.

Wirkliche Veränderung ist in unserer Welt notwendig. Damit sich wirkliche Veränderung ereignen kann, muß die Liebe, über die wir so leichthin sprechen, bewußte Liebe werden. Wir müssen lernen, bewußt zu lieben, und das heißt, daß wir wissen müssen, wer und was wir sind. Wie kann „ich" oder wie kannst „du" sagen, daß wir lieben, wenn wir nicht wissen, daß wir in dem Augenblick, in dem wir „ich liebe" sagen, eine Kraft ins Spiel bringen, die ihre eigene Aufgabe im Universum zu erfüllen hat, unserer unbesehen, und auch, daß wir uns glücklich schätzen können, wenn wir in dem Prozeß nicht verletzt werden. Diese Kraft ist die größte Kraft, die es gibt. Sie kommt, um uns zu helfen, wenn wir sie verstehen, sie kann uns aber verbrennen, wenn es uns nicht gelingt, sie zu erkennen.

Erinnert ihr euch an den alten Spruch: „Die Hölle kennt keine rasendere Wut als die einer verschmähten Frau"? Eine verschmähte Frau ist eine Frau, die nicht als das erkannt wird, was sie ist. Früher oder später werden wahrscheinlich die Enttäuschung und der unterdrückte Ärger in ihr explodieren – sie wird herausschreien: „Schaut, schaut mich an, ihr Narren! Um Gottes willen, schaut! Ich kann euch alles geben, und doch wollt ihr mich nicht sehen. Ihr wollt mich nicht erkennen."

Wenn wir sagen: „Ich liebe... ich liebe", dann kommt, was immer dieses „ich" ist, diese große Kraft ins Spiel. Sie will uns helfen und für eine Weile scheinen uns die Dinge leichtzufallen. Aber ohne die Kenntnis dieser Kraft wird sie sich wahrscheinlich früher oder später – in ihrem Begehren nach Erkennen, was schließlich zur Erlösung führt – umdrehen, und dann wehe uns, wenn wir nicht wach, nicht bewußt sind.

Und doch, es steckt ein Paradox in all diesen Dingen. Mit dem Kopf ist es unmöglich zu wissen, wer und was wir sind, und daß wir auch die Möglichkeit haben, Kenntnis von der Liebe Gottes zu haben. Der Kopf kann diese Dinge nicht erkennen. Der Kopf kann nicht verstehen, wovon ich spreche. Der Kopf ist nicht fähig, Einheit zu verstehen. Und Gott ist eins. Der Kopf lebt nur durch den Vergleich – Vergleich ist zugleich seine Nahrung und seine Motivation. Der Kopf muß vergleichen, wenn er überhaupt existieren soll; in der wirklichen Welt aber, der Welt von Liebe und Ordnung, gibt es keinen Vergleich, und daher gibt es da auch keinen Streit, keine Unwissenheit, keine Disharmonie. Es ist Frieden in vollkommener Ordnung. Es ist Frieden im Wissen – denn genau gesehen ist schließlich nichts anderes befriedigend.

Wie können wir also zu der Kenntnis kommen, von der ich spreche, wenn nicht mit dem Kopf und diskursivem Denken? Gibt es einen Weg, der uns schließlich zu unserem Ziel führen wird – eine neue Welt zu erbauen hier auf Erden? Ja, es gibt einen Weg. Es ist der Weg des Dienens und der Hingabe. Es ist der Weg des Opfers. Um dem zu begegnen, was „Der Weg" genannt wird, der Weg, der uns zur Freiheit in der Erfüllung unserer Verpflichtung führt, hier auf dem Planeten Erde geboren zu sein, ist es notwendig, alle Konzepte aufzugeben, alle Konzepte, die wir zuvor aufrechterhielten in bezug auf das, was wir dachten, daß wir es wollten, oder in bezug auf das, was wir fühlten, daß es notwendig sei. Wir müssen alle Ideen der Selbstverwirklichung oder der spirituellen Errungenschaft aufgeben. Wir müssen unsere Konzepte ein für allemal auf dem Stein der Wahrheit zerschmettern, und so schließlich unsere wirkliche Reise als Reisende auf dem Weg beginnen.

Die Sufis werden *selik* genannt – Reisende, und doch werden wir nicht Reisende, bevor wir nicht wissen, was wir erstreben. Wir werden nicht zu Reisenden, bevor wir nicht endlich unsere Herzen voll und ganz dem Ende unserer Reise hingeben. Ein *selik* ist ein Mensch, der weiß, wonach er sucht.

Auf dem Weg des Dienens gibt es nichts, was für „uns" errungen werden könnte, für „uns", die wir dachten zu sein, als wir uns auf die Suche machten nach unserer wahren Identität. Es gibt nichts für „uns", überhaupt nichts. Wir müssen uns weiter dem Willen Gottes ergeben, in jedem Augenblick unserer Leben – alles aufgeben, was wir als wirklich erachteten, so daß, Stück für Stück, die Täuschungen aufgelöst werden und das, was übrig bleibt, die Kenntnis unserer wesentlichen Einheit mit Gott ist.

Das nennen die Sufis *fana* und *baka: fana,* das Auflösen und Schmelzen dessen, was vergänglich ist, und *baka,* das Verbleiben des unvergänglichen „Ich", das von Gott nicht mehr getrennt ist. Mit jedem Augenblick der Ergebung wird das, was uns in die Irre führen kann, in die Ewigkeit erlöst, und das, was bleibt, ist die Ordnung, die in unsere Welt gebracht werden muß.

Diese Ordnung kann die Welt aus dem Chaos in ein neues Zeitalter führen – den zweiten Zyklus der Menschheit. Männer und Frauen werden von neuem auf der Erde leben in der Kenntnis der Bedeutung der Liebe, denn sie werden endlich wahre menschliche Wesen geworden sein – gottbewußte Männer und Frauen. Die ganze Zeit wach für die wirkliche Welt, nehmen sie bewußt an dem teil, was wir „den göttlichen Plan" nennen. Sie werden zu bewußten Liebenden geworden sein. Endlich werden sie die Bedeutung der Liebe kennen.

Liebe ohne Wissen ist nicht genug. Wir müssen das Wissen erreichen, das über unseren Kopf hinausreicht, das uns durchdringt als ein Blitz der Einsicht und dabei die Täuschungen in unserer Sehnsucht nach Wahrheit verbrennt. Wir sind aufgefordert, zu dieser Kenntnis zu kommen, nicht indem wir sie andernorts suchen, nicht indem wir Mondstrahlen erjagen, sondern indem wir unsere eigenen Leben vollständig einem Leben des Dienens, Gott hingeben. Dann, und nur dann, können wir unsere Verantwortung, auf diesem Planeten geboren zu sein, erfüllen. Nur dann können wir in Wahrheit sagen: „Ich bin."

Der heilige Name Gottes liegt zwischen den Worten „ich" und „bin". Wenn du sagst „ich", ist es schon vorüber, da sich Gott nie zweimal im gleichen Augenblick manifestiert. Und „bin" ist in der Zukunft. Zwischen „ich" und „bin" ist der Name Gottes. Wenn wir dem einen Willen ergeben sind, gibt es nur die Wahrheit, und wie Gurdjieff sagte: „Leben ist wirklich nur, wenn ICH BIN."

Es gibt einen Patron hinter meinen Worten – Mevlana, was „Meister" oder „mein Meister" bedeutet. Wenn ich „Mevlana Jalaluddin Rumi" sage, spreche ich von einer Verbindung zwischen diesem menschlichen Wesen, in seinem begrenzten

Dasein, und dem Sehnen dieses menschlichen Wesens auf die vollständige Vereinigung mit Gott hin. Mevlana, der die Vereinigung vor siebenhundert Jahren erlangte, wurde für mich schließlich... eine Verbindung.

Dieser große persische Sufi aus dem zwölften Jahrhundert sagte einmal die folgende Worte. Ich habe sie über meinem Pult aufgehängt, und ich lese sie jeden Tag viele Male.

> Vernunft ist machtlos angesichts der Liebe.
> Liebe allein kann die Wahrheit der Liebe
>   und des Liebenden enthüllen.
> Der Weg unserer Propheten ist der Weg
>   der Wahrheit.
> Wenn du leben willst, stirb in Liebe.
> Stirb in Liebe, wenn du lebendig bleiben
>   willst.

MEVLANA JALALUDDIN RUMI

Weg der Bejahung

Es gibt Veränderung, und es gibt den Anschein von Veränderung. Wenn wir unsere Verpflichtung für die Arbeit, die manchmal „Geist Gottes" genannt wird, eingehen, verpflichten wir uns der Veränderung. Wir verpflichten uns, zuerst einmal, es uns zu erlauben, verändert zu werden, und dann eine wirkende Kraft für wirkliche Veränderung in der Welt um uns zu werden – in unseren Familien, bei unseren Freunden, in der Gesellschaft und in dieser Welt als Ganzem.

Es nützt nichts, vorzugeben, wir hätten uns der Arbeit verpflichtet, wenn wir nicht bereit sind, Veränderung und all das, was sie mit sich bringt, anzunehmen. Es taugt nicht, einen Fuß auf den Weg zu setzen und den anderen auf der Straße zu lassen. Es taugt nicht, und es kann auch gefährlich sein, weil dann wirkliche Veränderung möglicherweise geschieht, bevor wir für all das bereit sind, was sie mit sich bringt.

Wenn wir uns also der Arbeit verpflichten, verpflichten wir uns ein für allemal der Veränderung. Es gibt keinen Weg zurück. Es gibt keine Hintertür, durch die wir entwischen können. Wir sind unsere Verpflichtung außerhalb der Zeit eingegangen und haben uns somit auf das begeben, was der „Weg des Dienens" genannt wird. Wir sind wirkliche Kanäle für notwendige Veränderung geworden. Veränderung – aber dann, wenn die Zeit stimmt, wenn alles sorgfältig vorbereitet ist.

Dieses Prinzip zeigt sich in der Natur. Ohne die Zyklen der Veränderung könnte der Planet nicht leben und uns Leben spenden. Erst durch Veränderung ist Leben auf der Erde überhaupt möglich. Jede Jahreszeit gibt sich der nächsten hin. Sie kämpft nicht gegen die Notwendigkeit der Veränderung, sondern gibt sich einfach hin, verneigt sich ins nächste Stadium hinein, heißt es willkommen. Der Frühling gibt sich dem Sommer hin, der Sommer dem Herbst, der Herbst dem Winter. Und dadurch, daß der Zyklus immer weitergeht, Jahr für Jahr, Generation für Generation, geben uns die Jahreszeiten immer wieder Gelegenheit zu lernen, was notwendig ist.

Laßt es uns so anschauen: Im einen Jahr pflanzen wir Kartoffeln, im nächsten Jahr pflanzen wir Getreide, zur selben Jahreszeit und auf demselben Acker. Jede Frucht bringt andere Begleitumstände mit sich, und trotzdem folgt jede dem natürlichen Fluß der Jahreszeiten. Pflanzte man jedes Jahr zur selben Jahreszeit auf demselben Acker Kartoffeln, würde mit der Zeit der Boden ausgelaugt, die

Kartoffelernte fiele schlecht aus, und es gäbe Verluste.

Fruchtwechsel versorgt den Boden mit neuer Nahrung und bringt neue Ernte für diejenigen, die säen; so sehen wir in den Gesetzen, die die Lebenszyklen regieren, den Anschein von Veränderung. Ein Jahr pflanzen wir dies, ein anderes Jahr jenes. Die Situation scheint eine andere zu sein, und doch folgt sie nur den Gesetzen, die die Gezeiten des Jahres regieren. Die Gesetze, die die Jahreszeiten regieren, bleiben die gleichen; die Unterschiede, die wir sehen, sind eigentlich nur unterschiedliche Manifestationen desselben Prinzips.

Als Gurdjieff sagte, "Leben ist nur dann wirklich, wenn ICH BIN," überließ er es seinen Lesern, diese Aussagen von der jeweiligen Stufe her zu interpretieren, von der die Person ausgeht – und diese Stufe hängt vom Ausmaß der Arbeit ab, die der einzelne an sich selbst geleistet hat. Jetzt können wir vielleicht die Bedeutung hinter diesen Worten betrachten, damit das Verstehen davon, wie die Veränderung entsteht, für uns greifbarer werden kann.

„Das Eine teilt sich, um sich zu vereinen." Dieses Konzept ist von vielen Traditionen her bekannt; was wir hier anschauen möchten, ist einfach, wie das Eine sich teilt. Die Ursache der Schöpfung ist die Liebe. Gott ist Liebe. Es gibt eine Aussage des

Propheten Mohammed (Friede und Segen sei mit ihm) in dem Hadith: „Ich war ein verborgener Schatz, und Ich sehnte Mich danach, erkannt zu werden; also erschuf Ich die Welt, auf daß Ich erkannt würde." Gott teilt Sich selbst, damit Er erkannt werde.

Die Frage, die wir stellen, ist, wie geschieht das? Es ist im Grunde sehr einfach; tatsächlich ist es die Einfachheit selbst! Wenn wir nämlich der *via negativa* folgen, dem Weg, der basiert auf der Verneinung der Illusion und dessen, was die Illusion erschafft (das ist: das falsche „Ich", das meint, es sei getrennt von der Einheit allen Seins), dann verstehen wir, daß dieser Prozeß ein Gefühl der Trennung des Individuums von seinem oder ihrem Schöpfer schafft. Paradoxerweise bestätigt man auf dem Weg der Verneinung die Trennung, indem man voraussetzt, es gäbe etwas zu negieren. In Wirklichkeit aber muß Trennung immer eine Illusion sein, denn es gibt nur Ein Absolutes Wesen.

Er sagte: „Ich war ein verborgener Schatz, und Ich sehnte Mich danach, erkannt zu werden." Wie ist es für irgend etwas möglich, erkannt zu werden, und für dieses Wissen, bestätigt zu werden, gäbe es nicht die Illusion der Getrenntheit? Gäbe es keinen Spiegel, wie könnten wir wissen, wie wir aussehen? Gäbe es nicht die Außenwelt, die äußere Form, gäbe es dann eine Möglichkeit, die verborgene „Innenheit" der Dinge zu erkennen? In dieser Welt ist es nötig, daß ein Vehikel da ist, durch welches Wissen möglich wird; also wird eine Welt der scheinbaren Dualität geformt.

Der Anschein der Trennung, der Dualität, ist nötig, damit der kreative Prozeß sich entfaltet. Obwohl also der Weg der Verneinung darauf abzielt, uns in sehr wirklicher Weise in einen wunschlosen Zustand zu bringen, ist das nur die eine Hälfte des Bildes. Im Westen ist der Weg der Arbeit der Weg der Bejahung; aber das wurde erst möglich durch den Weg der Verneinung, der ihm vorausging. Zuerst kommt der Weg der Verneinung und dann der Weg der Bejahung. Zuerst kommt die Erkenntnis dessen, was und wer wir sind, durch die Entdeckung, daß all das, was wir dachten zu sein, Illusion ist – indem das Gedachte ein Prozeß ist, der schon zur Vergangenheit gehört, schon vorbei ist –, und dann kommt die Bejahung dessen, was wir wirklich sind, und damit der Beginn der nächsten Stufe in der Arbeit.

In der Arbeit kommen wir zu der Erkenntnis, daß wirkliche Veränderung durch Bejahung, ermöglicht nur durch Verneinung, zustande kommen kann. Im Moment, da wirkliche Veränderung auftaucht, sind wir völlig neuen Gesetzen unterworfen. Wir haben freie Wahl. Wir können in die alte Gesetzesordnung, die uns an den Punkt der Verneinung gebracht hatte, zurückfallen – denken Sie nur an all das, was Sie dazu geführt hat, das zu lesen, was hier gesagt wird –, oder wir können uns bereit machen, eine neue Gesetzesordnung zu verstehen, die dadurch für uns verfügbar wird, daß wir uns dazu verpflichten, „ICH BIN" zu sagen.

„Leben ist nur dann wirklich, wenn ICH BIN." Leben wird nur wirklich gemacht, wenn wir dazu kommen, die Gegenwart Gottes durch das Aussprechen von „ICH BIN" zu bejahen – nicht indem wir bestätigen, daß es Trennung gibt, sondern indem wir den ganzen kreativen Prozeß bejahen und die Worte aussprechen, die den Prozeß in die Manifestation bringen! „ICH BIN" – „ICH BIN", weil ich weiß, daß Er mich braucht, um Ihn zu bejahen, indem ich „Ich" sage. Durch diese Bejahung trennt er sich selbst, um zu vereinen. Ein Spiegel wird gemacht, Vergleich findet statt, Bedürfnis wird erschaffen, Verlangen wird im Menschen geboren, und so entfaltet sich der fortwährende Evolutionsprozeß.

Wenn wir den Weg betreten und als Arbeiter in dem Prozeß, den wir Leben nennen, angenommen werden, dann ist es nötig, die verschiedenen Gesetze, denen wir unterworfen sind, zu kennen. Wenn wir hauptsächlich in der Welt leben, von der Welt getragen werden und eine Existenz in der

Welt suchen, dann können wir ziemlich leicht die Gesetze definieren, die unser Leben kontrollieren und regieren. Wir könnten zum Beispiel die verschiedenen Gesetze des Landes, in dem wir leben, anschauen oder die Gesetze der Gesellschaft oder die Regeln innerhalb der Familie. Wir könnten erkennen, daß wir der Gravitationskraft des Mondes unterworfen sind, und, wenn es uns interessiert, könnten wir sehen, wie unsere Geburt und all das, was – der Möglichkeit nach – nach unserer Geburt in diese Welt kommt, eine gewisse Abhängigkeit von den Bewegungen der Planeten hat. Wohin wir schauen, werden wir diese Gesetze sehen können, und es ist sogar möglich, sie zu studieren und – durch ihre Kenntnis – ein einigermaßen ausgeglichenes Leben zu führen. Indem wir die Gesetze der Familie, der Gesellschaft, in der wir leben und arbeiten, des Landes, das wir zu unserer Heimat gewählt haben, befolgen, können wir die harmonischste Lebensweise in jener Gesellschaft finden.

Aber angenommen, wir betreten den „Weg des Dienens"? Angenommen, wir begegnen der Arbeit, die damit zu tun hat, wirkliche Veränderung hervorzubringen? Was dann? Wenn wir diesen Weg betreten, bringen wir uns tatsächlich mit einer völlig anderen Gesetzesordnung in Berührung, und wir wären dumm, würden wir sie nicht studieren und mit ihr für unsere eigene Harmonie und die Harmonie derjenigen, die uns umgeben, arbeiten.

Wenn wir erst einmal wahrhaftig verstehen wollen, worum es in der Arbeit geht, können wir nicht länger in die alte Lebensweise zurückfallen. Es ist sinnlos, die Gesetze des Landes zu befolgen, das wir soeben verlassen haben, und zu versuchen, sie dem Land aufzudrängen, in das wir uns begeben haben. Es gibt hier andere Begleitumstände und verschiedene Betrachtungsweisen aufgrund unterschiedlicher Bedürfnisse.

Diejenigen, welche schon in diesem neuen Land wohnen, wissen mehr darüber, was gebraucht wird, und sie möchten uns nicht zuschauen, wie wir ihrer Welt die alten Gesetze aufdrängen. Das hat keinen Sinn und bringt nichts. Nichts Wirkliches kann aus dieser Art von Handlung hervorgehen. Vielmehr machen wir unsere Reise in dieses neue Land und fragen dann – in Demut – jene, die schon dort leben, welche Regeln sie gefunden haben, damit sich die natürliche Ordnung des Lebens besser erfüllen kann. Nur wenn wir fragen, können wir möglicherweise lernen, was von uns verlangt wird, und dann herausfinden, wie wir dienen können.

Der Durchschnittsmensch, der den Gesetzen unterworfen ist, die das Leben regieren, das wir in dieser Welt erfahren, ist nur den Gesetzen unterworfen, die aus Wollen und Wünschen aufsteigen – etwas für „mich" wollen, der Wunsch, dieses oder jenes zu tun, was einen direkten Bezug zum Wort „mir" hat. Jedoch ist es nicht das „ICH", das den Zweck dieser Bejahung kennt, sondern es ist das „ich", das sich als getrennt von allem andern empfindet und das den Prozeß scheinbarer Veränderung fortführt. Es ist nicht das „ICH", das weiß, daß es durch Bejahung am evolutionären Prozeß selbst teilnimmt.

Für diejenigen, die den „Weg des Dienens" betreten, gibt es zwei Arten von Gesetzen. Es gibt Gesetze, die auf Wille und Wunsch basieren; aber jetzt sind wir auch Gesetzen unterworfen, die auf Notwendigkeit beruhen. Das zu bedenken, sind wir aufgefordert: die Bedeutung des Wortes „Notwendigkeit" und alles, was es beinhaltet.

Durch Verneinung entdecken wir, daß wir – als Individuen – nichts benötigen. Wir finden heraus, daß die Dinge, die wir glaubten zu benötigen, nicht wirklich notwendig waren. Vielleicht wollten wir sie, vielleicht wollen wir sie noch immer; aber sie sind nicht mehr notwendig für uns.

So wird also durch die *via negativa* entdeckt, daß Wollen und Benötigen zwei völlig unterschiedliche Konzepte sind. Wollen und Wunsch entstehen in jedem Moment unseres Lebens in der relativen Welt, aber wirkliche Notwendigkeit ist Gottes Notwendigkeit. Es ist die Notwendigkeit für uns, uns Ihm allein zuzuwenden und so erkennen zu können, was getan werden muß, um Gottes Plan für diese Welt zu erfüllen.

Notwendigkeit basiert auf Zeit – nicht Zeit, wie wir sie aus unseren eigenen Wünschen heraus erschaffen, sondern auf dem natürlichen Fluß des Lebens selbst. Die Notwendigkeit wird vor der Zeit, wie wir sie erfahren, festgesetzt.

Nacht und Tag, Sonne und Mond, der Wechsel der Jahreszeiten sind die ersten Stufen der Entfaltung eines Prinzips, das vor der Zeit existierte. Nach diesen Stufen erscheint eine Anzahl von Gesetzen, die die wirkliche Welt regieren – zuerst das Gesetz der drei Kräfte, dann das Gesetz der sieben Kräfte, oder die Oktave des Lebens. Der Planet dreht sich um seine Achse, während er im Umkreisen der Sonne die Jahreszeiten erschafft; und dann wird der erwachte Mensch, der bewußte Mensch, zur wirkenden Kraft, um diese zwei nächsten großen Gesetze in die Manifestation zu bringen.

Gott ist Liebe, und Liebe wird nur dann bedingt, wenn wir wünschen und wollen, und wenn wir das Wort „ich" auf das Leben anwenden. Das falsche „Ich" ist aus der Substanz gemacht, die aus unserem Wunsch kommt, und doch, gäbe es keinen Wunsch, so könnte die Liebe Gottes sich nicht in die bedingte Welt hinein entfalten. Dies ist wahrscheinlich eines der größten Paradoxe für den Sucher auf dem Weg. Wir sind aufgefordert, unser Wünschen aufzugeben und zum Verstehen der wirklichen Welt zu gelangen, und doch braucht Gott unser „ICH"-sagen, wenn irgendeine Veränderung stattfinden soll, irgendeine Weiterentwicklung in unserer Welt. Gott bedarf des Menschen, der „ICH" sagt, der durch das Aussprechen von „ICH BIN" seine Einheit mit Gott bejaht, so daß endlich das Leben für ihn wirklich wurde.

Wunsch ist bedingt; Liebe ist absolut. Das eine ohne das andere ist unmöglich; und doch, ohne unseren Wunsch, unser Verlangen, kann die Liebe nicht aus der Einheit hervortreten und das Wunder der Vielfalt erschaffen. Gott benötigt unser Wollen, Ihn zu erkennen und so für die Gesetze wach zu sein, die die wirkliche Veränderung innerhalb der Zyklen regieren, die vor der Zeit festgesetzt sind.

Wir haben die freie Wahl. Wir können im festen Knoten des *samsara* verbleiben, der von den alten Gesetzen, die auf Wollen und Wunsch basieren, regiert wird, oder wir können beginnen, von jenen zu lernen, die schon in die wirkliche Welt hineingesehen haben und die Gesetze kennen, die für eine zukünftige neue Ordnung auf der Erde nötig sind. Der Osten ist traditionell dem Weg der Verneinung gefolgt. Nun ist der Westen, durch alles, was bisher geschehen ist, aufgefordert, den Weg der Bejahung zu gehen, im Wissen um die Einheit Gottes, im Wissen, daß Leben erst durch das Aussprechen von „ICH BIN" wirklich wird. Und so beginnen wir, unser Schicksal als Geborene – Frauen und Männer – zu erfüllen.

Die Mauern, die uns trennen

In einigen meiner Bücher habe ich „die drei Mauern" erwähnt, die uns trennen – Mauern, die uns voneinander und von der Verwirklichung der Einheit, nach der wir uns sehnen, trennen. Dieses Sehnen hat uns vor allem anderen dazu gebracht, gemeinsam zu studieren und zu arbeiten. Es sind die Mauern von Neid, Unmut und Stolz.

Als mir das erste Mal von diesen Mauern berichtet wurde, schien das alles viel zu einfach; und da das mir Gesagte aus dem Türkischen ins Englische übersetzt werden mußte, gewann ich den Eindruck, daß da sicher ein paar Fehler gemacht worden waren. Welche Arroganz: Gerade bei den einfachsten Konzepten fällt es uns oft am schwersten, uns ihnen zu stellen.

Wir wollen diese drei Worte für einen Augenblick betrachten. Wie oft verwenden wir das Wort Unmut in unserem täglichen Leben? Wir ärgern uns darüber, daß uns dieses oder jenes geschieht, und häufig drücken wir unseren Unmut in starken Worten aus. Wir ärgern uns auch, wenn wir sehen, was in der Welt geschieht. Wir stellen Fragen, die von Unmut herrühren – Fragen wie: „War-

um müssen Kinder leiden?" oder: „Warum ist immer noch Hungersnot im Sudan?" oder: „Das Mas-
saker in Peking war zweifellos schrecklich; diese
Dinge müssen sich ändern" usw. Wir verbringen
auch viel Zeit damit, über Ökologie zu sprechen,
über Umweltverschmutzung, zukünftige Hoffnun-
gen und Bestrebungen. Aber ich frage mich, wenn
wir zuerst in uns selbst hineinschauen müßten, ob
wir sehen könnten, daß das, worauf wir tatsächlich reagieren, diese Mauer des Unmuts ist, die uns
trennt. Können wir klar sehen, wenn die Wolken
des Unmuts, möglicherweise aus mehreren Gene-
rationen, zwischen uns und dem göttlichen Licht
stehen? Können wir erkennen, daß Licht notwendig ist, um diese Wolken zu durchbrechen und
die wirkliche Bedeutung und den wirklichen
Zweck hinter der Erscheinung der Dinge in dieser
Welt der Phänomene zu sehen? Das sind weitrei-
chende Fragen, die nur mit tiefster Aufrichtigkeit
des Herzens beantwortet werden können.

Um die Bedeutung davon zu verstehen, müssen wir das Thema Veränderung betrachten. Wenn
wir uns über etwas ärgern, geschieht dies entweder, weil wir unfähig sind, etwas derart zu verändern, daß es so ist, wie wir es gerne hätten, oder
aber etwas hat sich schon verändert und wirkt sich
dramatisch auf unser Leben aus. Wir sind durch
Umstände, die sich scheinbar unserer Kontrolle

entziehen, in eine Veränderung geraten. Das mögen wir nicht; es entspricht nicht unseren Vorstellungen davon, wie die Dinge sein sollten.

Die Zeit hat uns eingeholt, und wir wurden überrascht. Wir beginnen vielleicht sogar, anderen dafür Vorwürfe zu machen, und bringen unsere Freunde dazu, unsere Sichtweise zu teilen, wodurch unser Einwand gewichtiger wird. Und so dauert es nicht lange, bis wir vom geraden Weg, dem wir eigentlich folgen wollten, als wir unsere Reise auf dem Weg der Rückkehr begannen, abgekommen sind. Wir sind geblendet und sogar verloren.

Wir sind menschliche Wesen. Wir sind Sterbliche und daher unvollkommen. Da diese Welt der Erscheinungen eine Welt des Scheins ist, kann nichts darin total vollkommen sein, denn alles befindet sich in einem Zustand der Veränderung. Sogar ein Berg verändert sich langsam, ebenso ein Gletscher, der sich unmerklich vorwärts und bergab bewegt. Alles ist in einem Zustand der Veränderung; nichts bleibt statisch. Und dennoch versuchen wir so oft, die Dinge so festzuhalten, wie sie sind (wie wir möchten, daß sie sind), um so der Angst auszuweichen, die aufsteigt, wenn Veränderung unvermeidbar ist.

Das erinnert mich an den Mann im Kahn auf dem Fluß. Es ist ein wunderbarer, lieblicher Sommertag. Eine schöne Frau liegt in dem Boot, der Picknickkorb erwartet die Mittagszeit. Der Champagner ist kalt, und das Kleid der Dame ist bezaubernd. Die Sonne scheint warm, und die Vögel singen. Der Mann summt vor sich hin, stakt entlang dem Fluß; zuerst holt er mit der Stange hoch in die Luft aus, dann taucht er sie ins Wasser hinunter bis zum Grund des Flusses und bringt so das Boot, sich selbst und seine Dame vorwärts auf den Bestimmungsort zu. Die Luft flimmert vor Erwartung.

Dann geschieht das Unvermeidliche. Der Mann führt mit der Stange einen besonders kraftvollen Stoß aus, so daß diese fest im Grund des Flusses steckenbleibt. Der Schlamm ist zäh, und die Stange steckt unbeweglich fest. Der Fluß seinerseits bewegt sich fort (wie das Flüsse so an sich haben). Was nun? Die einzige Steuermöglichkeit des Bootes ist die Stange, die jetzt im Grund des Flusses festsitzt. Der Mann kämpft verzweifelt, versucht die Stange herauszuziehen. Das Boot schwankt von Seite zu Seite; die Dame schreit voller Schrecken. Nun sehen wir das Bild, wie der Mann das äußerste Ende der Stange festhält, die fast horizontal im Wasser liegt, aber noch immer im Schlamm hinter dem Boot feststeckt. Der Fluß ist zu stark. Angsterfüllt hält er mit letzter Anstrengung weiter aus. Das Boot liegt in der Strömung, die Dame ist entsetzt, und der Mann, der immer noch an der Stange festhält, fällt ins Wasser, während das Boot den Fluß hinuntertreibt.

Es gibt Dinge in der äußeren Welt, die wir nicht verändern können, so sehr wir sie auch anders haben möchten. Es gibt Bestimmung, und es gibt Schicksal; und es wäre sicher falsch, nicht zu versuchen, etwas zu verändern, was wir als verkehrt erachten, wenn wir in irgendeiner gegebenen Situation tatsächlich etwas ausrichten können.

Es ist wichtig, daß wir zu dem Zeitpunkt, in dem wir handeln wollen, unseren Zustand betrachten. Fühlen wir eine Art Unmut? Wenn dem so ist, warten wir besser, bis dieser Augenblick vorüber ist und wir wieder ein wenig klarer sehen können. Wenn wir übereilt und in Unmut handeln, könnten wir die sanfte, eher feine Veränderung, die vielleicht schon lange im Gange ist, behindern und dadurch dramatische und sogar gewaltsame Umstürze hervorrufen, die die notwendige Veränderung herbeiführen.

Wir wissen alle, daß mit Unmut ein bestimmtes Gefühl verbunden ist. Wir alle sind einzigartig verschieden, und es wäre daher dumm, eine generelle Aussage darüber zu machen, wie diese Empfindung sein könnte. Wie auch immer, normalerweise werden wir diese Empfindung in der Gegend unseres Solarplexus oder noch weiter unten spüren.

Es gibt da oft dieses „Gefühl des Sinkens", wenn wir wissen, daß wir einen Fehler gemacht haben. Die erste Empfindung kann dann noch weiter nach unten sinken, uns von Angst in Kummer und dann in Apathie bringen, wo wir kaum mehr in der Lage sind, uns wieder nach oben und ins Gleichgewicht zu bringen.

Wir müssen das, was manchmal der „Zeuge" genannt wird, in unser Leben einbauen. Wir müssen lernen zu erkennen, wie und später warum wir auf eine bestimmte Situation reagieren. Reagieren wir aus Unmut? Es ist keine besonders schwierige Aufgabe, aber sie erfordert beständige Anstrengung in Aufmerksamkeit und bewußtes Atmen, damit wir ausreichend wach sind. Dann, angenommen wir erkennen, daß wir gerade im Begriff sind, von Unmut motiviert zu handeln, können wir warten und uns statt dessen sorgsam und ehrlich selbst betrachten. Auf diese Weise reißen wir, Stück für Stück, eine der Mauern, die uns trennen, nieder. Ganz sicher ist Erkenntnis der erste Schritt.

Wenn der erste Schritt darin besteht zu erkennen, daß wir aus Unmut handeln, dann besteht der zweite darin, uns zu fragen, was denn dieser Unmut tatsächlich ist. Bald werden wir realisieren, daß er mit Veränderung zu tun hat und daher mit der Natur der Zeit. Das Geheimnis der Zeit liegt in der Feuchtigkeit, die auf dem Atem getragen wird. Wenn Wasser ein elektrischer Leiter ist und wenn eine Gedankenform als elektrischer Impuls gesehen werden kann, dann ist es nicht schwierig zu erkennen, daß eine direkte Beziehung zwischen Gedanke und Zeit besteht, sei es aus der Vergangenheit herkommend oder in die Zukunft weisend. Warum ist es schwieriger auszuatmen als einzuatmen? Könnte es sein, daß, wenn wir wirklich korrekt ausatmen, wir wahrhaftig das aus der Vergangenheit losließen, was nicht notwendig ist, so daß uns die Zukunft in die Welt der Möglichkeiten bringen könnte? Dies ist eine ganz schöne Herausforderung.

Lassen Sie uns nun die zweite Mauer betrachten, die Mauer des Neids. Vielleicht ist diese nicht so schwer zu verstehen, wie die erste. Schließlich wissen wir, daß es häufig der Neid ist, der uns veranlaßt, eines der großen Gebote zu brechen. Es wird gesagt: „Du sollst nicht stehlen", und selbstverständlich bezieht sich dieses Gebot auf viele Ebenen. Da ist zum einen der ganz offensichtliche Bruch des Gesetzes, wenn wir das Eigentum eines anderen stehlen, das wir begehren. Aber es gibt auch subtilere Möglichkeiten der Betrachtung dieses Gesetzes. Wie häufig, zum Beispiel, stehlen wir einander unwissentlich Energie. Dies ist eine Überlegung wert. Ganz sicher ist es etwas, das sehr sorgfältig beobachtet sein will. Wenn wir so etwas tun, kommt dies von einem Widerhall von der Mauer des Neids. Irgend jemand „da draußen" verfügt über eine bestimmte Art von Energie, die wir gerne hätten. Wir spüren, daß wir sie nicht haben, daß wir sie verdienen, und fragen uns, warum eine Person soviel davon haben soll und wir sowenig. Daher versuchen wir, der anderen Person ein wenig von dieser Energie zu nehmen; und mit größter Wahrscheinlichkeit bekommen wir Verdauungsbeschwerden, weil wir noch nicht wissen, wie wir damit umgehen sollen.

Neid ist nur eine weitere Darstellung der Auswirkung unseres Gefühls der Trennung, und doch, fühlten wir uns nicht getrennt, so hätten wir auch nicht den Wunsch, zur Einheit zurückzukehren. Das ist die göttliche Komödie, das Rätsel und Spiel, in dem wir die ganze Zeit stecken. Es ist sinnlos, uns darüber zu ärgern, und es ist sinnlos, auf jemanden neidisch zu sein, der das Spiel klarer sehen kann als wir. Es ist für alle vollkommen möglich, das Spiel zu erkennen und gegebenenfalls die eigene Rolle darin zu finden, wenn wir nur seinen Zweck verstehen und hart daran arbeiten, wach zu sein.

Zum Schluß kommen wir zur Mauer des Stolzes. Vielleicht ist sie von allen am schwierigsten zu finden und zu verstehen. Wie die andern Mauern, mag auch sie das Leben sehr unangenehm und manchmal unerträglich machen, aber sie wurde uns mit gutem Grund gegeben. Jedesmal, wenn einer der Steine aus der Mauer entfernt wird, gibt es ein wenig mehr Licht; aber stellen Sie sich vor, was geschehen würde, wenn alle Steine auf einmal entfernt würden? Sicherlich wäre soviel Licht unerträglich. Also bewegen wir uns vorsichtig vorwärts, Schritt für Schritt, und rufen die eine Führung an, daß sie uns auf dem geraden Weg halte; und vielleicht können wir die Steine mit ein wenig Hilfe von unseren Freunden, einen nach dem andern, entfernen. Mit Ausdauer fahren wir fort, und mit Glauben und Vertrauen bauen wir die Steine des Unmuts, des Neids und des Stolzes ab und verwandeln sie in neue und schöne Gebäude für unsere Kinder und Kindeskinder.

Immer wenn wir den Eindruck haben, etwas „Besonderes" zu sein, ist Stolz unser Motivator. Oh, Stolz ist so subtil: Wie häufig leiden wir unter falscher Bescheidenheit, denken oder fühlen uns wahrhaft bescheiden und gerade mitten auf dem Weg des Dienens? Also sind „wir" auf dem Weg des Dienens, und „andere" sind es nicht. Mehr Trennung. Vielleicht haben wir manchmal das Gefühl, nicht zu genügen und manchmal sogar unnütz zu sein. Unsinn! Es gibt immer etwas, das wir für unsere Freunde und Bekannte tun können, sei es sichtbar oder unsichtbar, wissentlich oder unwissentlich. Wir sollen schöpferische menschliche Wesen sein. Wir hören auf, schöpferisch zu sein, wenn wir den Eindruck haben, etwas Besonderes zu sein, denn dann verdunkelt die große, dicke Mauer des Stolzes sogar die Sonne (und es gibt kein Wachstum in uns). Alles strebt zum Licht, und genauso wie die Bäume und die schönen Blumen das Licht aufspüren, so findet auch die Schönheit selbst das Licht in uns. So lange die Schönheit von diesen Mauern verdeckt wird, kann sie nicht eins sein mit dem Licht, das sie ursprünglich erschaffen hat. Betrachten wir den Stolz, so können wir dem gleichen Rat folgen wie bei der Mauer des Unmuts, indem wir den Zeugen einbauen und sehen, wie wir agieren und reagieren. Reagieren wir aus Stolz oder nicht? Haben wir den Eindruck, etwas Besonderes und Getrenntes zu sein, oder können wir die Gnade und Barmherzigkeit Gottes verstehen und somit in jedem Augenblick von neuem beginnen?

Vielleicht meinen einige von Ihnen, dies alles sei zu einfach, es müsse mehr zu tun geben als das. Selbstverständlich gibt es unendliche Arbeit, die an uns selbst getan werden muß, und Reden, die über dieses Thema geschrieben werden können. Wenn Sie aber das Gefühl der Trennung, das wir alle verspüren, beobachten und wahrnehmen können und ehrlich sind, werden Sie sich den Maucrn nähern. Und dann, ganz leicht, können Sie jeden Stein und Ziegel erreichen, der entfernt werden soll. Sie können Hand in Hand gehen und einander helfen, gemeinsam in der einen Bruderschaft der Menschen, in der Vaterschaft Gottes. Es sind diese Steine und Ziegel, die in Liebe gereinigt und umgewandelt werden können, um beim Aufbau der „Plattform" für den zweiten Zyklus der Menschheit zu helfen.

Reinlichkeit

Reinlichkeit muß sowohl persönlich als auch unpersönlich sein. Persönliche Reinlichkeit versteht sich von selbst. Wenn wir schmutzig sind, können wir nicht von anderen erwarten, daß sie uns besonders nahe kommen. Wenn wir schmutzig sind, ziehen wir Schmutz an – das ist die Spielregel.

In meiner Tradition, wie auch in anderen lebenden Traditionen, sind Waschungen von äußerster Wichtigkeit. Wir waschen uns, damit wir beten können. Wir waschen uns, damit wir uns wahrhaft lieben können. Wir waschen uns, damit wir klare Kanäle sein können, um Gott zu dienen. Wir können nicht von Gott erwarten, daß Er uns wäscht, denn Er gibt uns die Instrumente, damit wir uns selbst waschen können!

Es ist dasselbe in einem heiligen Raum oder in einem Gott geweihtem Haus. Als Hüter eines solchen Hauses haben wir das Privileg, dem Haus und all jenen zu dienen, die durch seine Tore schreiten. Wir möchten gerne dienen, und so macht es uns Freude, das Haus sauber zu halten und erfüllt von Seinem Licht, das nicht scheinen kann, solange es Schmutz gibt. Schließlich ist sogar eine Zimmerpflanze zum Teil verhüllt, wenn ihre Blätter mit Staub bedeckt sind.

Ein Gott geweihtes Haus ist ein Haus, das dem Gast offensteht, und in Wirklichkeit gibt es nur einen Gast. Würde der Gast wünschen, einen Raum zu betreten, der nicht sauber ist? Würde Er wünschen, in einem Bett zu schlafen, das nicht makellos ist? Würde Er wünschen, Speise aus einer Küche zu essen, die nicht im göttlichen Licht singt?

Es ist nicht schwer, die Antwort zu verstehen, wenn wir wahrhaft ehrlich mit uns selbst sind. Würde es uns denn gefallen, wenn wir als Gast das Haus eines Freundes betreten und entdecken müssen, daß es dort kein frisches Handtuch gibt, keine Seife im Waschbecken, kein sauberes Bad, wo wir uns waschen können, damit wir gute Gäste sein können?

Es gibt auch andere, mehr esoterische Gründe für Reinlichkeit. Schmutz zieht psychischen Schmutz an, und psychischer Schmutz zieht Unmut an.

Wenn wir im Zustand des Unmuts sind und unserem Nächsten, der mit Sicherheit die Manifestation des einen Gastes ist, nicht länger dienen wollen, dann sind wir nicht im Dienst. Vielleicht werden wir eine Mahlzeit bereiten, die unserem Gast nicht behagt, oder wir werden vergessen, daß unser Gast vielleicht gerne einige frische Blumen in seinem oder ihrem Zimmer hätte, ein lächelndes Gesicht, das ihn willkommen heißt und ein liebendes Herz, das ihn empfängt.

Wenn eine Kirche, ein Ashram, eine *tekke* oder auch ein Heim richtig funktioniert, dann kann schon das bloße Betreten dieses Hauses eine Veränderung in uns bewirken. Ironischerweise wird, wenn ein heiliger Mann in einem Raum weilt, noch mehr Reinigung nötig, denn allein schon durch seine Anwesenheit kann ein Mensch transformiert werden.

Es ergibt sich dann ein unbewußtes Loslassen unserer Probleme, unseres Unmuts, Neids oder Stolzes – was auch immer es ist –, und das muß irgendwohin. Es fliegt nicht einfach hinaus in den Äther. Es muß transformiert, „gegessen", zurück ins Licht gebracht werden.

Selbst für den größten Guru, Swami oder Scheik wäre es schwer, dies erleichtern zu helfen, während er in einem Bett voll alter Nesseln säße!

Lassen Sie bitte Ihr Haus ein wahres Haus Gottes sein, immer bereit den Gast zu empfangen. Lassen Sie uns unsere vorgefaßten Meinungen davon, was dies bedeuten könnte, aufgeben, indem wir zuallererst auf der sachlichen Ebene dienen. Dann, *insh' Allah,* so Gott will, wird der Gast kommen, und durch unsere eigene äußere und innere Reinlichkeit werden wir fähig sein, ihn zu sehen.

Atem, das Geheimnis
des Lebens

Alles ist so im göttlichen Atem enthalten
Wie der Tag in der Morgendämmerung.

IBN 'ARABI

Einige Menschen, die in einer Gemeinschaft in
Neuengland lebten, bauten eine etwa zehn Meter
hohe Aeolsharfe und stellten sie auf eine Berg-
spitze. Wie Sie vielleicht wissen, war die ursprüng-
liche Aeolsharfe auf besondere Art gestimmt und
dafür gemacht, daß sie vom Wind gespielt wurde.
Diese jungen Leute machten gemeinsam ein aus-
gefallenes Experiment und nahmen die ungewöhn-
lich schöne Musik des Windes auf, der durch die
Harfe strich. Diese Bänder, die im
Frühling, Sommer, Herbst und
Winter aufgenommen worden waren, hatten eine tiefgreifende Wirkung auf mich, als ich sie zum ersten Mal hörte.

Der erste Schritt zu einem
tiefen Verständnis des Atems
besteht darin zu lernen, so zu at-

men, daß unsere subtilen Körper in der gleichen Art fein gestimmt werden wie die Harfe, damit sie mit dem Wind klingt. Allzu leicht wird das Atmen als selbstverständlich hingenommen und vergessen, daß wir in unserem Leben geradezu verpflichtet sind, bewußtes Atmen zu lernen. Wie auch immer, wenn wir das Leben leidenschaftlich leben und es wirklich lieben, hier zu sein, werden wir den Wunsch verspüren, die Tiefen dieses großen Wunders, das Atem heißt, zu erkunden.

Wenn der Wind dreht, wissen wir, daß etwas in unserer Welt geschehen wird. Der Wind der Veränderung streicht auch jetzt über das Antlitz der Erde. Wie und wo kommt der Wind her? Wissenschaftler können uns viele technische Erläuterungen hierzu geben, aber es gibt andere, tiefgründigere Erklärungen, die aus innerer Arbeit heraus erkannt werden können.

Auch wir können vom Wind gespielt werden, und was wir sagen, wird der Klang des Augenblicks sein, der im Wort die Möglichkeit wirklicher Veränderung trägt und nicht nur den Anschein von Veränderung. Wir alle wissen dies irgendwo tief in uns, und obwohl Gott uns alles gibt, liegt es an uns, so fein gestimmt zu sein, daß die gespielte Musik aus der Wahrheit selbst kommt. Sagte nicht Mevlana Jalaluddin Rumi „Wir sind die Flöte, doch die Musik ist Dein"?

Atem ist das Geheimnis des Lebens, denn ohne Atem gibt es nichts. Richtiges Atmen macht es möglich zu wählen, wie Sie reisen wollen. Denken Sie an den Wind – er weht und trägt alles mit sich, was leicht genug ist, von der Erde aufgehoben zu werden. Er trägt den Duft der Blumen, er trägt die Blätter, wenn sie von den Bäumen fallen, und er trägt die Samen der Pflanzen an den Ort, wo sie Wurzeln fassen können. Dies hier ist eine großartige Botschaft! Wir kommen, getragen vom Atem, in diese Welt, und wir verlassen diese Welt, getragen vom Atem. Der Durchschnittsmensch lebt sein Leben mechanisch und vergißt alles über das Atmen bis zum Augenblick seines Todes, wenn er darum kämpft, Luft in seine Lungen zu saugen, und sich so an die Überbleibsel dessen klammert, was er als das Leben in dieser Welt gekannt hat.

Die Übung des Atmens kann jeden Tag, jeden Augenblick, für den Rest Ihres Lebens ausgeführt werden. Dies erscheint einfach, doch wie jeder Augenblick verschieden ist, so finden Sie es vielleicht manchmal unmöglich, sich zu konzentrieren. Doch mit der Zeit werden Sie zum Verständnis der Wichtigkeit dessen kommen, was ich Ihnen sage.

Zuerst müssen Sie lernen, die subtilen Körper zu reinigen, indem Sie das Konzept des physischen Körpers aufgeben, so daß Sie zu der unsichtbaren

Matrix vorstoßen können, aus der sich der Körper fortwährend entwickelt. Wenn Sie lernen, sich zu reinigen, werden Sie fähig sein, klarer zu sehen, sobald sich die Gedankenformen und Projektionen, die einer klaren Sicht und innerem Hören im Wege stehen, aufzulösen beginnen. Schließlich ist der Gedanke das einzige, das uns trennt.

Sorgen Sie zuerst dafür, daß Ihr Rücken gerade ist, und dann nehmen Sie einfach das Kommen und Gehen des Atems wahr. Um diese Fähigkeit zu erlangen, braucht man viel Übung, und nur wenige Menschen sind bereit, den notwendigen Einsatz zu bringen. Wenn Sie einfach Ihren Atem wahrnehmen können, werden Sie langsam erkennen, daß wir durch Gedanken tyrannisiert werden, die uns – fast unaufhörlich – hin und her werfen; und obwohl wir uns der Wahrheit nicht gern stellen, wird uns klar, daß wir recht unbeständig sind. Aber Ihre Gedanken, das sind nicht Sie, ebensowenig wie Ihre Empfindungen oder Ihr Körper. Wenn Sie aber nicht Ihre Gedanken sind und es trotzdem so schwer finden, einfach nur den Atem wahrzunehmen und von diesen Gedanken unberührt zu bleiben, ist dann nicht irgend etwas verkehrt?

Solange bis Sie ein beständiges „Ich" haben, werden Sie immer Gefahr laufen, in die Irre zu gehen. Wenn Sie lernen, mit Bewußtheit zu atmen, dann gibt es eine Chance, dieses innere Wesen zu treffen, das Ihr wirkliches Selbst ist.

Es gibt drei Aspekte des Atems. Die Wissenschaft vom Atem ist ein Studium fürs ganze Leben; aber diese drei Aspekte, sorgfältig erwogen und praktisch angewandt, können helfen, den Lauf Ihres Lebens zu verändern. Es sind dies der Rhythmus des Atems, die Beschaffenheit des Atems und die Plazierung des Atems.

In letzter Zeit wurde im Westen viel über den Rhythmus des Atems geschrieben, in Indien *pranayama* genannt. Aber die Menschen merken nicht, daß verschiedene Arten von Rhythmen, die von verschiedenen Schulen und Lehrern gelehrt werden, auch verschiedene Ergebnisse hervorbringen sollen. Wenn Sie einen Wagen sehr schnell bergauf fahren wollen, braucht der Motor einen anderen Rhythmus, als wenn er gemütlich den Berg hinunterrollt. Die Geschwindigkeit des Wagens mag die gleiche sein, aber der Rhythmus des Motors ist völlig anders. So verhält es sich auch mit der Wissenschaft vom Atem – das Verständnis des Rhythmus ist von entscheidender Bedeutung.

Der Rhythmus, den ich Sie lehren werde, wird manchmal „Mutteratem" genannt. Die Menschen merken nicht, daß aus jedem Augenblick etwas „geboren" wird und daß wir zur Aufgabe beitragen würden, Frieden auf diesen Planeten zu bringen, wenn wir den Rhythmus finden könnten, der am natürlichsten und vollständig in Harmonie mit den universellen Gesetzen ist, die unser Dasein regieren.

Vergewissern Sie sich, daß Ihre Wirbelsäule gerade ist, so daß die Lebenssäfte leicht auf- und absteigen können. Dann atmen Sie ein, wobei Sie bis sieben zählen, halten für einen Takt inne, und atmen aus, wobei Sie bis sieben zählen. Bevor Sie wieder einatmen für den zweiten Zyklus, halten Sie nochmals im Ausatmen für einen Takt an. Das ist ein sehr einfaches rhythmisches Zählen von 7–1–7–1–7. Wenn Sie kontinuierlich daran arbeiten, wird der Zeittakt bald automatisch und ganz natürlich werden.

Lassen Sie alle Vorstellungen los. Geben Sie sich dem Rhythmus hin, der durch alles Leben fließt und pulsiert. Dieser Rhythmus wird das „Gesetz der Sieben" genannt, und indem Sie ihm folgen, stellen Sie ein Verbindung zum harmonischen Naturgesetz des Lebens her, das nur nach einem strebt: Vollendung aus sich selbst heraus zu empfangen. Der „Mutteratem" hilft uns, die unbegrenzte Möglichkeit zu erkennen, die im Hier und Jetzt liegt – wie in einem physischen Schoß.

Dieser Rhythmus des Atems hilft uns zu sehen, daß der gegenwärtige Augenblick pulsiert, sich ausdehnt und zusammenzieht, ins Leben kommt und unversehens wieder vergeht. Alles wird aus diesem rhythmischen Pulsieren verursacht, auch die Vibrationswellen, die die subtilen oder formativen Welten bilden, indem sie die gröbere physische Substanz völlig durchdringen. Alles ist nur eine Frage unterschiedlicher Schwingungsgrade: je langsamer, desto dichter das Material; je höher die Schwingungsrate, umso verfeinerter und weniger stabil die Substanz. Und die Pulsationsrate ist die gleiche wie der Rhythmus des Atems, 7–1–7.

Die nächste Stufe hat mit der Beschaffenheit der Luft zu tun, die Sie atmen. Geradeso wie der Wind alles auf seinen Flügeln trägt, was leicht genug ist, von der Erde aufgehoben zu werden, gibt es viele Qualitäten, die auf dem Atem getragen werden können, wenn wir Rhythmus verstehen und wenn wir fähig sind, uns richtig zu konzentrieren. Sie können zum Beispiel eine Farbe aus dem gesamten Spektrum auswählen, sie in Ihren Körper einatmen und jede Zelle damit erfüllen. Diese Praktik wird bei gewissen Heilungsarten angewendet, vergleichbar mit den tiefen Tönen des Klaviers. Oder Sie können beschließen, den Atem in der feinsten nur erdenklichen Schwingung zu wählen, die in dieser Welt jenseits der Tonskala läge. Sie können alles Mögliche aussuchen! Sie könnten die Elemente Feuer, Erde, Luft, Wasser oder die Essenz einer bestimmten Blume oder eines Heilkrauts einatmen. Die Wissenschaft über den Atem ist ein weites Feld und war in der Vergangenheit nur wenigen bekannt, doch nun ist es an der Zeit, daß die Welt zu verstehen beginnt.

Der dritte Aspekt, den ich erwähnen will, ist die Plazierung des Atems. So wie der Wind den Samen von einem Ort zum anderen trägt, so kann der Atem zu einem ganz bestimmten Zweck eine Absicht von einer Körperzone in eine andere übertragen. Durch richtiges Plazieren des Atems können wir lernen, den Körper ins Gleichgewicht zu bringen. Wir können beginnen, die Kunst der Umwandlung zu erlernen, die Kunst der Alchimisten. Wir können beginnen, unsere Verantwortung zu erfüllen, indem wir bewußte menschliche Wesen sind, die sich einem Leben des Dienens auf Erden verschrieben haben.

Zeit und Beharrlichkeit

Im *I Ging,* dem chinesischen Weissagungsbuch, heißt es: „Fördernd ist Beharrlichkeit." Und obwohl dies eine klare Aussage ist, wäre es der Mühe wert, sich eingehender mit der tieferen Bedeutung zu befassen.

Sobald wir das Wort Beharrlichkeit gebrauchen, ist es unvermeidlich, daß wir den Faktor Zeit einbringen. Sooft setzen wir Zeit einfach voraus; wir nehmen sie in ihrer Unausweichlichkeit an. Wir wissen einiges über sie, und doch forschen wir, möglicherweise aus Angst vor dem Leben selbst, selten gründlich nach ihrer inneren Bedeutung. Wenn wir auf dem „Weg der Wahrheit" ausharren, gleiten wir *durch* die Zeit, wie wir sie normalerweise kennen, *hindurch.* Wir zerteilen die Wogen der Zeit mit dem Schwert der Wahrheit und sind schließlich fähig, in andere Welten, jenseits der Grenzen der Zeit, zu schauen, die anderen Gesetzen unterstehen als denen, die wir normalerweise in unserem recht primitiven Stadium erfahren. Wir können sehen, daß wir größtenteils in Abhängigkeit vom tierischen Instinkt leben und uns wie Schlafwandler in einem Traumzustand benehmen. Glücklicherweise gibt es andere Arten zu leben. Es stehen uns immense Möglichkeiten offen, sobald wir beginnen, zur wirklichen Welt zu erwachen.

Zur Entwicklung von Beharrlichkeit ist es nötig, uns selbst Ziele zu setzen und unbeirrbar an unserem Wunsch festzuhalten, diese Ziele zu erreichen. Das mag selbstsüchtig klingen, aber da wir alle so lebensnotwendig miteinander verbunden sind, ist es nicht ganz selbstsüchtig. Wenn wir wirklich dahin kommen, uns selbst zu finden, dann entsteht ein flüssiges Gold, das durch das unsichtbare Netzwerk, dem wir alle angehören, hinausströmt. Unsere eigene Ausdauer und die Opfer, die wir auf dem Weg erbringen müssen, werden destilliert und formen dieses flüssige Gold, das den Weg ebnet, damit die Botschaft gehört werden kann. Deshalb wird unser Weg der „Weg der Liebe, des Mitgefühls und des Dienens" genannt.

Ein Ziel erfordert auch den bewußten Umgang mit Zeit. Es ist nicht gut genug, irgendein Ziel ungefähr zu bestimmen, ohne den richtigen Prozeß der Entscheidungsfindung zu kennen und die Natur der Zeit selbst zu verstehen. Ein Ziel, das durch die Art von Zeit begrenzt wird, die wir üblicherweise erfahren, kann vielleicht etwas Gutes bewirken, aber es kann nicht den alchimistischen Prozeß in Gang setzen, der in der Transformation des Individuums und sogar des Planeten selbst erforderlich ist.

Wir wollen jetzt Zeit anschauen, wie wir sie normalerweise erfahren. Der erste Aspekt ist „natürliche Zeit", wie ich sie nenne. Dies ist die Zeit, in der wir Leben erfahren. Es gibt Empfängnis, es gibt Geburt, es gibt unsere Lebensspanne, und dann gibt es etwas, was als Tod bekannt ist. Es ist ein endloser Kreis von sich wiederholenden Mustern. Es ist der Knoten des *samsara;* die Muster wiederholen sich in nur leicht abgewandelter Form, um dem Augenblick zu gefallen und einen Spiegel zu bilden, in dem wir vielleicht sogar die Illusion von alledem sehen, und dadurch anfangen, aus diesem Gefängnis auszubrechen.

Auch andere Auswirkungen der Zeit kommen auf dieser theatralischen Bühne, die wir Leben nennen, ins Spiel. Wir haben zum Beispiel die vier Jahreszeiten – Frühling, Sommer, Herbst und Winter –, die alle eine gewisse Auswirkung auf den zeitlichen Ablauf unseres Lebens haben. Denn was wir in einer Jahreszeit pflanzen, ernten wir in einer anderen. Sogar der geographische Ort, wo wir leben, hat seinerseits Einfluß, denn was in der einen Jahreszeit an einem bestimmten Ort des Planeten gepflanzt wird, wird genau zur entgegengesetzten Zeit auf der anderen Seite des Planeten gepflanzt. Wir gehen in Zürich in ein Geschäft und kaufen Papayas, die in Hawaii gepflanzt wurden, während wir mitten im Winter gerade schliefen! Es ist gewiß ein verblüffendes Leben, und doch setzen wir es sooft einfach voraus. Wir halten es für selbstverständlich.

In unserer Zeit werden wir auch direkt von der Bewegung der Planeten und Sterne im All beeinflußt. Wie wir wissen, hat jeder Planet auf seiner Reise um die Sonne seinen eigenen Zeitzyklus. Es gibt wirklich etwas in uns, das durch den Zeitprozeß, der durch die Bewegungen der Planeten festgesetzt ist, beeinflußt wird. So sind uns Astrologen beschieden, und Voraussagen aller Art werden gemacht. Oftmals steckt viel Wahrheit darin, wenigstens so lange, bis wir uns aus der Tyrannei der Zeit befreien und somit sogar den Einfluß unseres Horoskops brechen können. Das *ist* möglich. Dies wird uns in den heiligen Schriften mitgeteilt. Wie auch immer, es wäre ein dummes, ehrgeiziges Vorhaben zu versuchen, unsere astrologische Uhr zu durchbrechen, bevor der Zeitpunkt exakt und genau stimmt und wir vorbereitet sind, auf diesem magischen Teppich durch die Schranken der Zeit selbst zu fliegen.

Angenommen, wir selbst könnten tatsächlich Zeit erschaffen? Ich meine, bewußt Zeit erschaffen, nicht eingeschränkt von der Identifikation mit unseren niederen Gefühlen. Dazu ist es erforderlich, weit über die Vorstellung hinauszugehen, daß Zeit einfach von links nach rechts verläuft, vom

„Anfang" zum „Ende". Das ist eine Begrenzung, so als wären wir wie Perlen an einer endlosen Kette aufgereiht, die um unseren Hals hängt, uns würgt und uns sogar den Atem des Lebens nimmt, der uns gegeben wurde. Am Ende werden wir ausgeblasen wie Kerzen auf dem alljährlichen Geburtstagskuchen. Keine sehr glückliche Aussicht!

In einem gewissen Sinne bewegt sich die Zeit wirklich von links nach rechts, wie vorher beschrieben, aber Zeit kommt auch *in* den gegenwärtigen Augenblicken *herein. Jede Transformation findet im gegenwärtigen Augenblick statt* – sowohl die Erlösung vergangener Fehler (die in erster Linie aus ei-einem Mangel an Wissen stammen), als auch die Erlösung jener Gedankenformen, die von der Vergangenheit in die Zukunft projiziert wurden (die im Verlauf der Jahrhunderte soviel Unglück schufen, das Unglück nämlich, das durch die Erwartungen unserer Eltern und Vorfahren geschaffen wurde, die ihre eigenen Wünsche und ihr eigenes Versagen auf ihre Kinder projizierten). „Mach dir keine Sorgen, Sohn," sagt der Vater auf seinem Sterbebett, „ich weiß, daß du es schaffen kannst. Du kannst übernehmen, was ich hinterlassen habe."

Zeit-Vergangenheit, Zeit-Gegenwart und Zeit-Zukunft können durch die Analogie zweier Züge verdeutlicht werden, wobei der eine sich von links nach rechts, von der Vergangenheit in die Zukunft, bewegt, und der andere in der Zukunft darauf wartet, in den gegenwärtigen Augenblick gebracht zu werden. Wenn die Zeit stimmt und wir bereit sind, können wir den Zugführer der hereinkommenden Zukunft rufen und ihm zuwinken heimzukommen, um im gegenwärtigen Augenblick den Zug aus der Vergangenheit zu treffen, so daß es schließlich, mit einem Aufschrei des Wiedererkennens, Vollendung gibt. Alles, was als gewesen angesehen wird, ist und wird immer im gegenwärtigen Augenblick sein.

Um das zu verstehen, ist es wesentlich, daß wir in unseren Fragen, in unserem Sehnen aus dem Herzen und in unserer Suche nach Wahrheit beharren. Beharrlichkeit verlangt Mut auf allen Ebenen. Sie erfordert Mitgefühl und endlose Geduld. „Die Letzten werden die Ersten sein, und die Ersten werden die Letzten sein," heißt es in der Bibel; und in der Sufi-Tradition hat der erste Name Gottes, „Mitgefühl", dieselbe Zahl wie der letzte Seiner Heiligsten Namen, „Geduld".

In unserer Arbeit werden wir aufgefordert, uns in jedem Augenblick unseres Lebens daran zu erinnern, daß wir alle miteinander verbunden sind. „Du kannst keine Blume pflücken, ohne einen Stern in Mitleidenschaft zu ziehen." Und da in der Wirklichkeit alles im gegenwärtigen Augenblick ist, können unsere Anstrengungen sogar die genetischen Muster der Vergangenheit aufbrechen, damit unsere Kinder und Kindeskinder unsere eigenen Muster und die unserer Eltern und Vorfahren nicht länger wiederholen müssen, sondern stattdessen freier auf dieser Erde wandeln können.

Wir müssen nicht weit schauen, um diese Dinge zu verstehen. In dem, was uns am nächsten liegt, werden wir den Schlüssel für die Büchse der Pandora finden. Da Gott Mann und Frau nach Seinem Bilde schuf, ist es unser Nächster, in dem wir zumindest die halbe Antwort finden können, denn er ist unser Spiegel. Hazrat Inayat Khan sagte: „Es liegt so viel im Menschen, wenn du ihn nur erforschst." Dies wird auch in den zwei Geboten dargelegt: „Liebe den Herrn, deinen Gott" und „liebe deinen Nächsten wie dich selbst".

Ich biete diese Samengedanken als Herausforderung für Ihren eigenen logischen Denkapparat an. Logisches Denken geht von einem Gedanken zu einem anderen und funktioniert nur in dem Zug, der von links nach rechts fährt. Es kann keinen Schritt vorwärts tun, um die Glocke für den Zug zu läuten, der so aus der offenbar unerkennbaren Zukunft hereinkommen soll, wie der verlorene Sohn in die Arme seines Vaters zurückkehrt. „Ein Sufi ist der Sohn des Augenblicks" – des gegenwärtigen Augenblicks. Wie in der Parabel im Lukasevangelium, so bleibt der logisch denkende

Mensch zu Hause und wird anscheinend von Problemen verschont. Der verlorene Sohn geht hinaus in die Zukunft und kehrt zurück, wobei er alle Hoffnung auf die Zukunft in den gegenwärtigen Augenblick hereinbringt. Der Vater umarmt ihn, und es gibt ein Freudenfest. In diesem Moment merkt der logisch denkende Mensch, daß er die ganze Zeit fehlgegangen ist.

Machen Sie einen großen Schritt. „Eine Reise über tausend Meilen beginnt mit dem ersten Schritt" (indianischer Spruch). Heute ist die einzige Gelegenheit, da wir die Herrschaft über uns haben können. Dies ist der einzige Tag, da wir uns in der Sonne der Erkenntnis wärmen können. Wir haben diesen Tag. Wir haben diese Stunde. Alles ist in dem einen ewigen Augenblick, aus dem Universen geboren werden und in dem wir zu unserem Ursprung zurückkehren können, enthalten.

Fördernd ist Beharrlichkeit! Mögen die zwei Lokomotivführer sich schließlich auf dem Bahnhof des Friedens in unseren eigenen Herzen die Hände reichen.

Teil II

Beten

Viele Leute fragen mich: „Wie betet man?" Und so dachte ich, daß es nötig sei, etwas zu diesem Thema zu schreiben. Aber es ist eine wahrlich schwierige Aufgabe, und bitte denken Sie daran, daß alles, was ich sage, nur aus einer sehr persönlichen Sicht dargestellt werden kann. Da ich keiner vorgeschriebenen Form oder Glaubensrichtung folge und auch kein Gelehrter bin, wäre der Versuch, eine Art von vergleichender Religionslehre zu diesem Thema zu erteilen, verwegen. Wenn Sie auf das Leben der christlichen Mystikerin Juliane von Norwich schauen, so brachten die Auswirkungen ihrer unzähligen Gebete sie an den Rand des Todes. Das war aber genau, was sie wollte. Sie wollte den „Weg des Kreuzes" gehen, und so erfuhr sie auf diese Weise die Passion. Bitte bedenken Sie, daß Leute wie Juliane von Norwich in einer anderen Epoche lebten, einer anderen Ära. Sie lebten asketisch im Zölibat und somit völlig abweichend von unserer heutigen Lebensweise.

Bitte erlauben Sie mir, daß ich nun ein wenig verallgemeinere. In der Hindu-Tradition z. B. gibt es viele Gebetsrituale. Im Westen ist man der Meinung, daß mit all den verschiedenen Gottheiten, den Glocken, den Gongs und dem Räucherwerk sehr viel Aberglaube verbunden ist. Von unserer westlichen Sicht her ist es schwierig, sich mit der Selbstverleugnung und dem Leiden, das manche indische Asketen auf sich nehmen, anzufreunden.

Mir fällt es ebenso schwer, mich mit dem selbstauferlegten Leiden der katholischen Flagellanten anzufreunden. Als ich in Griechenland war, habe ich persönlich miterlebt, wie die Hauptstraße von Korfu sprichwörtlich vor Blut triefte, da sich die Flagellanten auf dem ganzen Weg selbst peitschten, während eine Gruppe von Menschen in einem riesigen Korb die sterblichen Überreste eines heiligen Patrons vorübertrugen. Ich war in Indien und im Osten Zeuge von Szenen im Namen der Religion und Spiritualität, die einem die Haare zu Berge stehen ließen. Und doch, „Religion" kommt vom Wort *religiare,* das bedeutet: „durch Gesetz zu Gott zurückkehren," also letztlich durch Gott. Ich frage mich, was in aller Welt würde Er davon halten? Im Grunde mußte Er doch die Welt erschaffen, auf daß Er erkannt werden könne. Nun, das ist aber doch eine recht seltsame Art, ihn zu erkennen. Ich habe über Freiheit gesprochen und die Leute gebeten, die Bedeutung des Wortes zu hinterfragen. Schließlich gibt es Freiheit zu, Freiheit von und Freiheit in. Zum Beispiel gibt es Freiheit in wahrem Wissen, denn es ist das Wissen, das die Liebe verankert.

Ist es nicht ganz ähnlich mit dem Gebet? Es gibt das Gebet zu Gott oder zu den Göttern. Es gibt das Gebet zum Herrn im Flehen, wobei Herr hier als der Mittler zwischen Mensch und seinem Schöpfer verstanden wird. Und es gibt das Gebet in Gott, in der Verwirklichung Seiner Einheit. Zu guter Letzt könnte man also sagen, Gott selbst betet in uns als Seinen Zeugen. Und so sind wir zugleich die Auswirkung Seines Gebets und die Klangschale für Seine Schöpfung, die die Botschaft der Freiheit in die Welt hinausruft.

Sie sehen, dies ist ein weites Thema. Ich betone noch einmal, daß es für uns alle sehr persönlich ist. Für Menschen, die niemals in einer Tradition des Gebets erzogen wurden, stellt sich die Frage, wo und wie sie anfangen sollen. So ganz für mich allein in meinem Zimmer, in einer gebetswürdigen Haltung, erkenne ich einfach meine Unfähigkeit, irgend etwas ohne Gott, ohne Allah zu tun. Da Er wahrhaftig der einzige Versorger ist, der einzige Führer, die einzige sichere Zuflucht und anderes mehr. Also wende ich mich Gott zu. Ich könnte nichts Besseres tun. Doch zur gleichen Zeit dürfen wir nicht immer mehr in Trennung verfallen, indem wir Ihn sozusagen „dort draußen" sehen.

Und doch wird auch gesagt, daß „alles innen ist," worauf ich mit einer Frage antworte: „Worin?" Wenn es kein Innen oder Außen gibt, dann werden unsere Gebete beantwortet, denn zweifellos ist es die Einheit mit dem einen Ursprung allen Lebens, dem Göttlichen, egal welche Worte Sie wählen, wonach sich die Seele sehnt.

Ich werde Ihnen eine kleine Geschichte erzählen, um zu veranschaulichen, was die Christen „die Furcht vor Gott" nennen.

Vor kurzem fühlte ich mich nicht gut und war schließlich gezwungen, einen Arzt aufzusuchen. Am Tag bevor ich zum Arzt ging, war ich im Bett geblieben, unfähig, etwas zu unternehmen, und mit großen Schmerzen. Trotzdem schaffte ich es am nächsten Tag, aufzustehen und zum Arzt zu gehen. Als ich die Arztpraxis erreichte, war der Schmerz praktisch verschwunden. Vielleicht ist Gott der Arzt.

Wenn wir hinnehmen können, was wir hinzunehmen haben, verschwindet der Schmerz des Lebens. Sehen Sie, worauf ich hinaus will? Im Zen-Buddhismus wird gesagt: „Triffst du Buddha auf der Straße, töte ihn!" Die Bedeutung ist klar. Buddha repräsentierte zu seiner Zeit, was zum Wohle Gottes in der Welt notwendig war. Er saß unter dem Bodhibaum, um Erleuchtung zu erlangen, und so entstand Buddhismus. Wie alle Dinge, teilte sich auch der Buddhismus zuerst in zwei, Theravada- und Mahayana-Buddhismus, und dann weiter in viele verschiedene Linien.

Im *Tao Te King* heißt es:

Das Eine erschafft die zwei, die zwei die drei und die drei die zehntausend Dinge.

Ich habe schon oft gesagt und damit manchmal einige Schwierigkeiten verursacht, daß je mehr Sie zu Gott beten, umso weniger Gott gibt es. Oder ist es so, daß dann umso weniger von unseren *nafs* oder falschem Ego bleibt? Oder daß es, sobald wir erkennen, daß wir ohne Hoffnung und hilflos sind, dann umso weniger Trennung gibt?

Ist es denn notwendig zu beten? Eine gute Frage. Die Antwort kann nur mit dem Herzen erkannt werden. Ich meinerseits weiß, daß ich nichts tun kann, wenn ich die Überlieferungslinie der Propheten nicht anerkenne, den Propheten Mohammed (Friede und Segen sei mit ihm und seiner Familie), ebenso wie die ganze Linie der Propheten, einschließlich Adam, Abraham und dem „Siegel der Heiligkeit", verwirklicht in Jesus Christus. Und in Dankbarkeit für Seine nächsten Diener im Laufe der Zeit, bete ich zu Gott.

Damit will ich nicht sagen, es sei für orthodoxe Christen nicht ebenso wohltuend, zu ihrem Herrn, der als ihr Mittler handelt, zu beten, denn das ist ihr Weg. Selbst das unschuldigste Kind, das zu einem unbekannten Gott betet, hilft, daß Gebete für uns alle beantwortet werden. Wir können jetzt beten, und Zeit ist entweder Vergangenheit, Gegenwart oder Zukunft, aber irgendwann einmal werden unsere Gebete beantwortet.

Vielleicht werden die Gebete meiner Mutter in meinen Gebeten für die Welt beantwortet. Vielleicht werden die Gebete Ihres Vaters, Ihrer Mutter und die Ihrer Vorfahren in Ihren Gebeten für die Welt im gegenwärtigen Augenblick beantwortet.

Ja, ich würde sagen, daß es gut ist zu beten. Wie auch immer, wir wollen uns daran erinnern, daß „Sein Wille geschehe" nicht nur das Gelübde unseres eigenen Denkens und Sehnens ist. Hazrat Inayat Khan sagte: „Dein Wunsch sei mein Begehren." Das bedeutet sicherlich das gleiche wie die Worte, die Jesus Christus uns auftrug, als er sagte: „Dein Wille geschehe, wie im Himmel, also auch auf Erden."

Die jüdische Tradition lehrt uns, zu dem Einen zu beten; und doch, seltsamerweise und durchaus großartig, hat uns der bedeutendste Jude, der jemals gelebt hat, gelehrt zu sagen: „Vater unser, der Du bist im Himmel." Jesus hat das Gebet nicht nur für einen Teil der Welt gemacht. Er hat es allen gegeben. Ganz genau das gleiche gilt auch für das islamische Gebet, die Fatiha. Es war mir möglich, das Vaterunser und die Fatiha mit Musik, Harmonien und Klängen zusammenzubringen, weil ich die mystische Hochzeit zwischen Christentum und Islam verstand.

Und so, meine Freunde, liegt es an Ihnen herauszufinden, was Gebet ist. Es ist die Bescheidenheit eines Kindes. Es ist die Schönheit des Seins. Und es ist die Liebe zum Lebendigsein.

Mevlana Jalaluddin Rumi sagte: „Viele Dinge werden geschehen; bitte Gott, dich zu informieren." Fragen Sie also Gott, wie Sie mit all der Ernsthaftigkeit, der Aufrichtigkeit, der Bescheidenheit und Leidenschaft, die Sie in sich haben, beten sollen. Fragen Sie einfach, wie Er will, daß Sie beten. Und ich bin sicher, eines Tages wird Ihr Gebet, das Sein Gebet sein wird, beantwortet werden.

Vaterunser

TRADITIONELL

Vaterunser, der Du bist im Himmel,
geheiligt werde Dein Name.

Dein Reich komme, Dein Wille geschehe,
wie im Himmel, also auch auf Erden.

Unser tägliches Brot gib uns heute.

Und vergib uns unsere Schuld,
wie auch wir vergeben unseren Schuldigern.

Führe uns nicht in Versuchung,
sondern erlöse uns von dem Bösen.

Denn Dein ist das Reich, die Kraft
und die Herrlichkeit,
in Ewigkeit.

Amen.

Betrachtung über das Vaterunser

Das Vaterunser kann als Betrachtung genommen werden, indem wir jeden Satz in unsere Meditation nehmen, ihn ins innerste Zentrum unseres Seins sinken lassen und darum beten, daß uns das Verständnis, das aus der Seele selbst aufsteigt, gewährt werde.

Vater unser, der Du bist im Himmel

Der Vater ist der Herr, und das Geheimnis der Herrschaft bist Du. Dein Herr und mein Herr sind verschieden, aber dennoch gibt es in Wirklichkeit nur einen Herrn. Vater unser, der Herr der Herren, ist „im Himmel", das heißt in einem Zustand vollkommener Ordnung. Er trägt die ganze unsichtbare Welt in ihrem hierarchischen Zustand in sich, jeden Teil, jeden Engel und Erzengel, welche Worte wir auch immer brauchen, ein jeder nach seiner Art vollendet ausgerichtet und aufgereiht.

Der Himmel ergießt sich gegenwärtig auf die Erde herunter, um vollkommene Ordnung herbeizuführen. Unser Vater, der Herr der Herren, enthält in jenem himmlischen Zustand die vollkommene Ordnung, die nötig ist, um Erde in Himmel und Himmel in Erde umzuwandeln. Wie

oben so unten. Diese Umwandlung läßt uns ent-
decken, daß diese Welt die Auferstehung ist. Das
Jenseits ist genau hier, jetzt, und der goldene
Schlüssel liegt unter unserem Fuß.

Geheiligt werde Dein Name

Es heißt, der Name Gottes könne nie ausgesprochen werden. Die Menschen haben überall nach
dem Namen gesucht, der Erlösung bringen wird
oder die Macht, nach der sie sich sehnen. Und doch
kann der Name Gottes nicht ausgesprochen werden, denn er liegt zwischen den Worten „ich" und
„bin". Sobald Sie „ich" sagen, ist der Augenblick
schon vorüber, und „bin" liegt in der Zukunft, die
es nicht gibt.

Gott manifestiert sich nie zweimal in einem
Augenblick, also suchen wir den Sekundenbruch-
teil zwischen der Knospe und der Rose, zwischen
„ich" und „bin" zu ergründen. Wenn wir zum Verständnis kommen, daß „Zeit das ewige Attribut
Gottes" ist, dann können wir nur den Namen heiligen, der unaussprechlich ist.

„Der Mensch lebt nicht vom Brot allein, sondern von jedem Wort, das aus dem Munde Gottes
strömt." Der Mensch ist der Mund Gottes. In der
Vergegenwärtigung dieser Tatsache erreichen wir,
daß wir die Verantwortung, geboren zu sein, an-
nehmen. Es ist die Verantwortung, „ICH BIN" zu

sagen, die Worte, die in der unausgesprochenen Stille Seinen heiligsten Namen enthalten. „Leben ist nur dann wirklich, wenn ICH BIN" (Gurdjieff).

Dein Reich komme, Dein Wille geschehe,
wie im Himmel, also auch auf Erden

„Suchet zuerst das Reich Gottes." Das Reich ist vergleichbar mit einem Senfkorn, dem kleinsten Samen, den wir uns vorstellen können. Dieser Samen ist das Zentrum der Zentren, worin entdeckt wird, daß das Zentrum die Peripherie und die Peripherie nirgendwo ist. Dieses Zentrum ist der Punkt ohne Ausdehnung, der durch den Menschen eine Ausdehnung bekommt.

Durch den Geist, durch Christus, kann der Punkt ohne Ausdehnung eine Ausdehnung auf all den verschiedenen Ebenen bekommen, die notwendig sind, um das neue Jerusalem zu bauen.

„Dein Reich komme." Das Reich ist der ganze unsichtbare Raum, der den Raum Gottes ausmacht. Das Reich ist die göttliche Mutter, die Matrix unseres wahren Selbst, aus der wir ins ewige Leben hinein geboren werden. Laßt uns die Mutter, Maria, erkennen, damit sein Wille auf Erden, dem physischen Ebenbild der göttlichen Mutter, geschehe wie im Himmel.

Dieser Zustand vollkommener Ordnung bleibt verborgen und wartet darauf, die Materie zu vergeistigen und seinen Samen auf die Erde zu streuen.

„Dein Wille geschehe." Wille ist Geist. Die Arbeit ist der Geist Gottes. Laßt uns lernen, unsere eigenen kleinen Willen für den größeren Willen aufzugeben, damit das unerlöste Chaos erlöst werde, um vollkommene Ordnung hervorzubringen.

„Dein Wille geschehe wie im Himmel, also auch auf Erden." Oh Herr, hilf uns zu erinnern, daß die Arbeit, Dein Geist, an erster Stelle steht, auf daß wir Dir immer dienen dürfen.

Unser tägliches Brot gib uns heute

„Brot" und „Kopf" bedeuten in Wahrheit das gleiche. Der Stoff, aus dem der Kopf ist, die Verstandesmaterie, ist unerlöste Energie, und erlöste Energie ist der Geist. „Unser tägliches Brot gib uns heute." Oh Herr, gib uns die Gelegenheit zu dienen, damit die ganze Materie des Kopfes zur Substanz der Seele werde. Gib uns Gelegenheit, die unerlöste Energie der Welt einzuatmen, und laß sie – durch uns – in Geist verwandelt werden.

Und vergib uns unsere Schuld,
wie auch wir vergeben unseren Schuldigern

Vergib uns unsere Fehler. Ein Fehler ist jede Handlung, die sich ins Gegenteil umkehren kann. Laß uns wissen, daß uns im gleichen Augenblick, da wir anderen vergeben, wahrhaft auf der Stelle vergeben wird. Haben wir aufgehört zu urteilen, zu beschuldigen, werden wir erkennen, daß es nur einen Richter, einen Vergebenden, ein Absolutes Wesen gibt.

Und doch braucht Gott den Menschen – den Menschen als Sprachrohr seines Wortes. „Im Anfang war das Wort, und das Wort war bei Gott." Das Wort kommt von Gott und immer, wenn es vom Menschen ausgesprochen wird, geht es seinen Weg weiter, bis hin zur Verwirklichung in der relativen Welt.

Lehre uns, daß uns nichts zustoßen kann, denn wir sind nichts, es gibt nur Ihn. „Vater, vergib ihnen, denn sie wissen nicht, was sie tun." Wüßten sie es, sie würden nicht so reden.

Führe uns nicht in Versuchung

Laß nicht zu, daß wir in die Welt der Anziehung geführt werden. „Sich verlieben" [engl. *falling in love*] heißt, zur Liebe kommen, zum Sein kommen, und dann in diese Welt kommen.

Durch Anziehung, eine Versuchung, die uns ein Leben lang begleitet, können wir nicht zur Liebe gelangen. Doch wenn wir dann Liebe werden, sehen wir die ganze Welt als eine Welt der Schönheit. Der einzige Zweck der Liebe ist Schönheit.

Oh Vater, laß uns nicht das Ziel unserer Suche

vergessen. Laß nicht zu, daß die entfesselten Mächte der Anziehung uns auf Abwege führen. Bist Du nicht selbst das Ziel unserer Suche? Ist nicht Liebe selbst die Ursache aller Schöpfung? Und ist nicht Dein Sehnen größer als unsere Sehnsucht nach Dir je sein kann?

Sondern erlöse uns von dem Bösen

Gut und Böse, die polaren Gegensätze. Mögen wir uns über sie hinaus erheben, um Dich zu erkennen. Erlöse uns von Unwissenheit, erlöse uns von Sünde, und was ist Sünde anderes als Mangel – Mangel an Wissen. *La ilaha illa Allah,* „es gibt keinen Gott außer Ihm, der Gott ist." Jenseits von Gott, jenseits aller Konzepte von Gott, die ihren entsprechenden Gegensatz beinhalten, ist Er, der dies alles möglich macht. Erlöse uns von Unwissenheit, damit wir zur universellen Wahrheit jenseits von allem Gut und Böse, Richtig und Falsch kommen mögen und erkennen, daß der Eine sich teilt, um zu vereinen.

Denn Dein ist das Reich, die Kraft und die Herrlichkeit

„Oh Du, der Erhalter unserer Körper, Herzen und Seelen, segne alles, was wir in Dankbarkeit empfangen." Alles ist Dein und wird Dir zurückgegeben, oh Herr: das Reich, das in sich das Wissen –

die göttliche Macht selbst – enthält, und die Herrlichkeit, die in der Verwirklichung unserer essentiellen Einheit mit Dir besteht. Tatsächlich ist das, was ich bin, die Liebe, das Liebende und das Geliebte, und doch ist alles Dein, und ich gebe es Dir zurück mit jedem Atemzug meines Körpers.

In Ewigkeit

„Wie oben, so unten": Einswerdung, in einem Augenblick, in jenem Augenblick der Schöpfung, der jetzt und in alle Ewigkeit besteht.

Amen.

Über das Gebet
Rat an meine Söhne

Wenn ihr betet, betet nicht halbherzig. Betet mit jedem Teil eures Seins. Laßt euren physischen Körper von euren Absichten, euren Gefühlen und euren Gedanken widerhallen. Laßt das Gebet zur treibenden Kraft in eurem Leben und in euren sehnsuchtsvollen Körpern werden. Vor allem aber vertraut darauf, daß eure Gebete erhört werden, denn sie müssen erhört werden.

Gebet ist für den sehr Tapferen. Selbstmitleid, getarnt als Gebet, ist für den Schwachherzigen. Das Gebet trägt den Klang der Absicht, also laßt eure Gebete den Klang eurer tiefsten Liebe tragen, denn ganz sicher ist Liebe die Ursache des Lebens, und Liebe ist die Wirkung ihrer selbst.

Versteht, daß Gebet von keinem religiösen Glaubenssystem begrenzt wird. Es ist so allumfassend wie Liebe allumfassend ist, und so besteht ein Teil unserer Lebensaufgabe darin, in unseren Worten, Gedanken, Gefühlen und Taten so allumfassend zu werden, daß wir die „Klangschale Gottes" werden.

Gebet zum geliebten Herrn

Geliebter Herr, allmächtiger Gott,
neben Dem es nichts anderes gibt,
hilf uns, Dich mehr und mehr zu lieben.

Lehre uns zu verstehen,
daß der einzige Sinn der Liebe Schönheit ist.

Laß uns Dich erkennen, so wie Du bist,
und Dich finden an dem einen Ort,
der groß genug ist, Dich zu fassen:
im Herzen des Vollkommenen Menschen.

Amen.

Ganzheitliches Gebet
Unverhüllte Absicht der Seele

Gott, dem alle Herzen offen sind,
Dem alle Wünsche angetragen werden,
Dem nichts verborgen ist,
ich flehe Dich an,
die Absicht meines Herzens zu reinigen
mit der unbeschreiblichen Gabe Deiner Gnade,
damit ich Dich vollkommen liebe
und würdig Dich preise.

Amen.

Kelchgebet

Vater, zu Dir erhebe ich mein ganzes Wesen,
ein Gefäß, meiner selbst entleert.
Nimm, Herr, diese meine Leere an,
und erfülle mich so mit Dir,
Deinem Licht, Deiner Liebe, Deinem Leben,
daß diese Deine wertvollen Gaben
durch mich ausströmen und
den Kelch meines Herzens überfließen lassen
in die Herzen von allen,
denen ich heute begegne,
und ihnen die Schönheit
Deiner Freude und Ganzheit enthüllen
und die Heiterkeit Deines Friedens,
den nichts zerstören kann.

Amen.

Gebet

Für die Nahrung, die wir essen,
und das Wasser, das wir trinken,
für die Wunder der Erde,
des Meeres und des Himmels,
für die Sonne und den Regen
und den Mond und die Sterne.
Für den frühen Morgen,
für die frühe Abendzeit,
für Deine Liebe, die sich in
der Bruderschaft der Menschen zeigt.

Für all diesen Segen
und für soviel mehr
danken wir Dir, Vater.

Amen.

Tischgebet
J. G. BENNETT

Alles Leben ist eins,
und alles, was lebt, ist heilig:
Pflanzen, Tiere und Menschen.
Alle müssen essen, um zu leben
und um einander zu ernähren.

Wir segnen die Leben,
die starben, um uns Nahrung zu geben.
Laßt uns bewußt essen
und so in unserer Arbeit aufgehen,
daß wir die Schuld unserer eigenen Existenz
    begleichen.

Acht Regeln
ABDULHALIK GHUJDUVANI

1.

Hush der dem. Sei präsent bei jedem Atemzug. Laß deine Aufmerksamkeit auch nicht für die Dauer eines einzigen Atemzuges wandern. Erinnere dich immer und in allen Situationen deiner selbst.

2.

Nazar der kadem. Halte dir deine Absicht bei jedem Schritt, den du tust, vor Augen. Du willst Freiheit, und das darfst du niemals vergessen.

3.

Safar der vatan. Deine Reise führt nach Hause. Erinnere dich daran, daß du aus der Welt der Erscheinungen in die Welt der Wirklichkeit reist.

4.

Halvat der endjuman. Bleibe bei all deinen äußeren Handlungen innerlich frei. Lerne, dich mit nichts zu identifizieren, was immer es auch sei.

5.

Yard gerd. Besinne dich auf deinen Freund, d.h. Gott. Laß das Gebet deiner Zunge (*dhikr*) das Gebet deines Herzens (*q'alb*) sein.

6.

Baz gasht. Kehre zu Gott zurück. Das einzige Ziel ist, die Wirklichkeit zu erreichen.

7.

Nigah dasht. Kämpfe mit allen fremden Gedanken. Halte deine Aufmerksamkeit bei dem, was du gerade tust, sei es innerlich oder äußerlich.

8.

Yad dasht. Sei dir ständig der Qualität von Gottes Gegenwart bewußt. Gewöhne dich daran, die Gegenwart Gottes in deinem Herzen anzuerkennen.

Gebet eines namenlosen Samurai
ANONYM, 14. JAHRHUNDERT

Ich habe keine Eltern.
Ich mache Himmel und Erde zu meinen
 Eltern.

Ich habe kein Zuhause.
Ich mache das Bewußtsein zu meinem Haus.

Ich habe weder Leben noch Tod.
Ich mache die Gezeiten des Atems zu meinem
 Leben und Tod.

Ich habe keine göttliche Macht.
Ich mache Ehrlichkeit zu meiner göttlichen
 Macht.

Ich habe keine Werkzeuge.
Ich mache Verstehen zu meinen Werkzeugen.

Ich habe keine magischen Geheimnisse.
Ich mache Charakter zu meinem magischen
 Geheimnis.

Ich habe keinen Körper.
Ich mache Ausdauer zu meinem Körper.

Ich habe keine Augen.
Ich mache das Aufleuchten des Blitzes
   zu meinen Augen.

Ich habe keine Ohren.
Ich mache Empfindungsvermögen zu meinen
   Ohren.

Ich habe keine Glieder.
Ich mache Pünktlichkeit zu meinen Gliedern.

Ich habe keine Strategie.
Ich mache Unbeschattet-sein-von-Gedanken
   zu meiner Strategie.

Ich habe keinen Plan.
Ich mache Die-Gelegenheit-beim-Schopfe-
   packen zu meinem Plan.

Ich habe keine Wunder.
Ich mache rechtes Handeln zu meinen
   Wundern.

Ich habe keine Prinzipien.
Ich mache Anpassungsfähigkeit an alle
   Umstände zu meinen Prinzipien.

Ich habe keine Taktiken.
Ich mache Leere und Fülle zu meinen Taktiken.

Ich habe keine Talente.
Ich mache Schlagfertigkeit zu meinem Talent.

Ich habe keine Freunde.
Ich mache meinen Verstand zu meinem Freund.

Ich habe keinen Feind.
Ich mache Nachlässigkeit zu meinem Feind.

Ich habe keine Rüstung.
Ich mache Wohlwollen und Rechtschaffenheit
   zu meiner Rüstung.

Ich habe kein Schloß.
Ich mache den unbeweglichen Geist zu meinem
   Schloß.

Ich habe kein Schwert.
Ich mache Selbstlosigkeit zu meinem Schwert.

Gebet der Hingabe
HESICHASTEN

Vater, in Deine Hände ergebe ich mich.

Mach mit mir, was immer Du willst,
und was immer Du tust,

Ich werde Dir danken und Dir immer
dankbar bleiben.

Laß nichts als Deinen Willen in mir geschehen
wie in all Deinen Geschöpfen.

In Deine Hände gebe ich meinen Geist.

Ich gebe ihn Dir mit all der Liebe
meines Herzens.

Denn ich liebe Dich, Herr,

Und sehne mich danach, mich zu geben,
mit einem Vertrauen über allen Maßen.

Drei Gebete
RABI'A VON BASRA

Oh, mein Herr, welchen Anteil an dieser Welt
Du auch immer mir gewährst,
schenke ihn Deinen Feinden.
Und welchen Anteil an der nächsten Welt
Du auch immer mir zuteilst,
gib ihn Deinen Freunden.
Du bist mir genug.
   ...

Oh, mein Herr, bete ich Dich an aus Angst
  vor der Hölle,
dann verbrenne mich in der Hölle.
Und bete ich Dich an in Hoffnung auf
  das Paradies,
dann halte mich davon fern.
Bete ich Dich aber an um Deiner selbst willen,
dann versage mir nicht Deine ewige Schönheit.
   ...

Oh, mein Herr, die Sterne leuchten,
und die Augen der Menschen sind geschlossen,
und Könige haben ihre Tore verriegelt,
und jeder Liebende ist allein mit seiner
  Geliebten...
Und hier bin ich, allein mit Dir.

Mevlanas Gebet

MEVLANA JALALUDDIN RUMI

Oh, unser Herr Gott,
ich atme nur für Dich,
ich wende meinen Geist zu Dir,
auf daß ich Deiner ständig gedenke,
Dich häufig anrufe.

Oh, unser Herr Gott,
auferlege mir kein Leiden,
das mich vergessen ließe, Dich zu ehren,
oder mein Verlangen nach Dir minderte
oder das Entzücken versiegen ließe,
   das ich empfinde,
wenn ich Deinen Lobpreis singe.

Schenke mir keine Gesundheit,
die vermessenen und undankbaren Hochmut
in mir entstehen oder wachsen ließe.

Um Deiner Gnade willen,
oh Du,
Allergnädigster der Barmherzigen.

Amen.

Teil III

Mevlanas Weg

Tausend und eine Frage erheben sich in den Herzen und Köpfen der Menschen, wenn das Thema Sufismus zur Sprache kommt. Es werden mir Fragen gestellt wie: „Muß man Moslem sein, um Sufismus zu verstehen?" oder: „Sind Sie selbst Moslem?" Christen fragen mich, ob ich an Christus glaube. Moslems fragen mich, ob ich den Propheten Mohammed akzeptiere. Und noch andere fragen mich, ob ich überhaupt an irgendeine Form glaube. Ich habe Briefe erhalten, die an einem Tag voller Drohungen waren und am nächsten voller Dank. Es gibt noch immer Menschen in der Welt, die den Eindruck haben, sie könnten Gott „besitzen" oder Gott ihre persönliche Meinungen auferlegen. Und doch gibt es auch andere, die zur Kenntnis der inneren Bedeutung der Worte *Hu Dost* gelangt sind – *Er,* das heißt der Gott jenseits allen konzeptionellen Denkens, *ist der einzige Freund.*

Mevlana Jalaluddin Rumi wurde am 30. September 1207 geboren und starb am 17. Dezember 1273. Der Heilige Franziskus von Assisi predigte bereits, als Rumi noch ein Kind war, und es war die Zeit, in der sich in weiten Teilen Europas Widerstand gegen den starren Formalismus der Kirche regte. Die Zeit war reif für einen Geschmack an der Freiheit, die man in der Erkenntnis der universellen Wahrheit findet.

Mevlanas „Sitz" war in Kleinasien, einer Gegend, die man fast als den spirituellen Mittelpunkt der damaligen Welt sehen könnte. Es war für Rumi ein perfekter Ort, um zu leben und seinen Einfluß auf die ganze Welt auszubreiten. Schon zu seinen Lebzeiten, wie auch heute, war er als einer der größten Sufi-Dichter und Mystiker aller Zeiten anerkannt. Das Wichtigste ist vor allem, daß Rumi ein menschliches Wesen war, dessen Gnosis alle Formen der Religion umfaßte und gleichzeitig über sie erhaben war. In seinen Worten: „Ich bin weder Christ, noch Jude, noch Gabr, noch Moslem; mein Raum ist das Raumlose, mein Weg ist das Weglose." In vielerlei Hinsicht widersetzte er sich dem logischen Denken. Er hatte viele Kritiker, und doch war es ganz sicher die Kraft seiner schier überwältigenden Liebe und seines Respektes, die ihm einen Platz weit über den führenden Theologen einräumte.

Afzal Iqbal schreibt in seinem Buch *The Life and Work of Rumi:*

Rumi wurde respektiert, weil er andere respektierte. Er war sogar seinen Feinden gegenüber

rücksichtsvoll. Er war kein Heuchler. Unbe-
deutende Glaubensunterschiede kümmerten
ihn nicht. Er trat immer für Nachsicht und
Duldsamkeit ein. Es war beinahe unmöglich,
ihn herauszufordern. Nichts konnte seinen
Zorn wecken. Eines Tages war er in einer tiefen Kontemplation versunken, als ein Betrun-
kener schreiend und torkelnd hereinstolper-
te. Er wankte auf Rumi zu und fiel gerade-
wegs auf ihn. Sein Eindringen war schon
schlimm genug, aber physisch auf einen in
seine Kontemplation versunkenen Heiligen
zu fallen war ein Verbrechen, für das keine
Strafe streng genug sein konnte. Rumis Schüler erhoben sich wie ein Mann, und wollten
gerade auf den Störenfried losgehen, als der
Meister mit seiner Hand winkte und sie sanft
zurückwies. „Ich habe gemeint," so sagte er,
„daß der Eindringling betrunken sei, doch
nun sehe ich, daß nicht er, sondern meine
eigenen Schüler betrunken sind." War es nicht
um dieser Liebe und Rücksicht willen, sogar
gegenüber den unwürdigsten Mitgliedern der
Gesellschaft, daß er ihre unerschütterliche
Bewunderung und Achtung gewann? War es
nicht wegen dieser Achtung vor dem gering-
sten der Menschen, daß er ihr unbestrittener
Führer wurde? Es ist sehr einfach, die Vereh-

rung der Bewunderer Rumis zu verstehen, die, während er auf seiner Liege lag und von den Händen eines liebenden und geliebten Schülers gewaschen wurde, nicht zuließen, daß auch nur ein Tropfen zu Boden fiel, sondern sie tranken ihn als geheiligtes Wasser. Auch ist es nicht schwer die Erregtheit der Gefühle zu verstehen, in der Menschen aller Glaubensrichtungen und Hautfarben – Moslems, Christen, Juden, Araber und Perser, Türken und Römer – in Scharen zu seinem Begräbnis strömten, sich auf die Brust schlugen und ihre Gewänder zerrissen.

Gott, in seiner unendlichen Gnade und Barmherzigkeit, mahnt uns täglich an *Hu Dost*. Zu bestimmten Zeiten der Geschichte, wenn fast alle moralischen Werte verlorengegangen sind und gleichzeitig unbegrenzte Möglichkeiten in unserer Reichweite zu liegen scheinen, bringt Er uns besondere Botschafter, die uns, wieder einmal, an Seine Liebe erinnern sollen. Mevlana war tatsächlich einer dieser Menschen, und diese Botschaft ist heute gewiß ebenso angemessen, wie sie es vor mehr als 700 Jahren war.

Worin besteht zum heutigen Zeitpunkt der Geschichte unsere direkte Verantwortung? Wir stehen im menschlichen Verständnis an der

Schwelle des möglicherweise größten Durchbruchs aller Zeiten. Uns wird die freie Wahl geboten, diesen Sprung in das noch Ungewisse zu wagen oder so zu bleiben, wie wir sind, fast vollständig im Bann des Materialismus und dem Verlust der moralischen Werte erlegen. Die großen Mystiker können uns dahin führen, die Pyramide der Evolution nicht nur von ihrer Spitze aus zu sehen, sondern von jenseits der Spitze. Dort geschieht es, daß wir die Entfaltung der Einen Universellen Wahrheit im Verlaufe der Zeit verstehen. Von diesem Ausgangspunkt aus erscheinen die sechs Hauptreligionen als Gefäß und Verteiler der Gesetze, die unser Leben auf Erden bestimmen, und gleichzeitig der Gesetze, die wir befolgen müssen, um die eine Ursache hinter den scheinbaren Ursachen in der Welt der Erscheinungen zu erkennen. Es ist der Atem von Gottes Mitgefühl, der uns das Leben schenkt, und es ist der Atem des wahren Mystikers, der die Welt dreht.

Mevlana ist bekannt als der Pol (*qutb*) der Liebe, und Liebe ist im Wissen „verankert". Deshalb studieren wir in dieser Schule auch Muhyiddin Ibn 'Arabi, den sehr berühmten Sufi, der als der Pol des Wissens bekannt ist. Ibn 'Arabı, der eine ungeheure Anzahl von Büchern schrieb, wird häufig als Doktor Maximus des mittelalterlichen Europas bezeichnet, wie auch als der große Scheik der

Sufi-Tradition. Das Wissen, das er uns vermittelt, ist heutzutage genauso zutreffend wie vor 700 Jahren.

Ibn 'Arabi lebte ungefähr zur selben Zeit wie Rumi, und sie begegneten sich, als Rumi ein junger Mann war. Es war nach dieser Begegnung mit dessen Vater, der auch ein einflußreicher Scheik jener Zeit war, daß Ibn 'Arabi bemerkte: „Dort geht ein Meer, gefolgt von einem Ozean." Das Studium der Werke Ibn 'Arabis, des vielleicht größten Metaphysikers, den die Welt jemals kannte, ist ein außerordentlich aufregendes Abenteuer.

Vieles von dem, was Arabi vor 700 Jahren in seiner mystischen Sprache zum Ausdruck brachte, steht bei den heutigen Astrophysikern erst am Anfang einer Erklärung. Tatsächlich ist es Wissen, das Liebe verankert. Liebe und Wissen brauchen auch einen dritten Aspekt der Einen Einheit, um das, was für den Übergang in den nächsten Zyklus notwendig ist, zu manifestieren. Diesen Aspekt nennen wir den Pol der Macht. Er wird von Abdul Qadir Gilani repräsentiert, unter dessen Einfluß der Orden der Qadiri Derwische gegründet wurde.

Wahre Macht ist das Ergebnis vollständiger Unterordnung und absoluten Gehorsams gegenüber den Geboten Gottes. Gott ist unser Freund und will uns davor schützen, vom Wege abzukommen und bei der Gratwanderung auf dem Weg der Wahrheit abzustürzen. Er läßt uns freie Wahl, aber die Macht, die in totaler Überzeugung liegt, erwächst aus Gehorsam und der Anerkennung der Autorität des Höchsten. Abdul Qadir Gilani bietet uns keine Kompromisse an.

Nun haben wir also Liebe, Wissen und Macht für alle, die verstehen wollen, auf verständliche Art und Weise betrachtet. In der Liebe ist Freude, im Wissen ist Freiheit, und in der Anerkennung der Gesetze Gottes, die uns in Seinen Geboten gegeben wurden, ist Wahrheit.

Auf dem Weg Mevlanas versuchen wir, nach dem Vorbild der großen Mystiker zu leben und uns gleichzeitig auch den sich wandelnden Umständen anzupassen. Wir sehen ein, daß es universelle Gesetze gibt, die sich nie verändern werden, und Lebensregeln, nach denen wir uns richten müssen. Formen werden kommen und gehen, und das Leben in dieser Welt ist ewig veränderlich; aber die Liebe und das Wissen und die Macht werden durch Gott, den großen Weber, immer miteinander verwoben sein. Und so wird gesagt: „Halte Dich fest am Seil Gottes."

Lausche dem Schilfrohr
MEVLANA JALALUDDIN RUMI

Im Namen Gottes des Gnädigen und Barmherzigen.

Lausche dem Schilfrohr! Es erzählt eine Geschichte, die die Trennung beklagt.

Und es sagt: „Seit ich vom Schilfbett getrennt, hat meine Trauer Männer und Frauen zu Wehklagen gerührt.

Zerrissen von der Trennung ist mein Herz. So kann ich vielleicht den Schmerz des Liebessehnens enthüllen.

Jeder, der weit entfernt von seinem Ursprung zurückgelassen wurde, wünscht sich die Zeit zurück, als er noch mit ihm vereint.

Überall brachte ich meine wehmütigen Klagen vor. Ich gesellte mich zu Unglücklichen und Frohlockenden.

Jeder wurde mein Freund auf seine Art; keiner begehrte meine innersten Geheimnisse zu ergründen.

Mein Geheimnis liegt nicht so weit von meiner Klage; doch Auge und Ohr mangelt es am Licht, in dem es erkannt werden könnte.

Der Körper wird nicht von der Seele verhüllt, noch die Seele vom Körper; und doch ist es niemandem erlaubt, die Seele zu schauen."

Dieser Klang des Schilfrohres ist Feuer, er ist nicht Wind: Wer dieses Feuer nicht hat, mag nichtig sein!

Es ist das Feuer der Liebe, das im Schilfrohr steckt. Es ist die Glut der Liebe, die im Wein liegt.

Das Schilfrohr ist der Gefährte eines jeden, der von einem Freund getrennt wurde: Seine Töne durchbohren unsere Herzen.

Wer sah jemals ein Gift und Gegengift wie das Schilfrohr? Wer sah jemals einen Verehrer und sehnsüchtig Liebenden wie das Schilfrohr?

Das Schilfrohr erzählt vom blutbefleckten Weg und erzählt Geschichten von der Leidenschaft des Madschnun.

Nur dem Sinnlosen ist der Sinn vertraut: Die Zunge hat keinen Begleiter außer dem Ohr.

In unserem Leid sind uns die Tage des Lebens zuwider. Unsere Tage gehen einher mit brennendem Kummer.

Sind unsere Tage vergangen, laß sie gehen! Was soll's. Du aber bleibe, denn nichts ist heilig so wie Du.

Wer kein Fisch ist, wird durch Sein Wasser gesättigt; wer ohne tägliches Brot ist, dem ist der Tag lang.

Niemand versteht den Zustand des Reifen, solange er roh ist: Deshalb müssen meine Worte kurz sein.

Leb wohl!

Laß uns die Vereinigung suchen
Ibn 'Arabi

Höre, oh, innig Geliebter!
Ich bin die Wirklichkeit der Welt, die Mitte
    des Kreises.
Ich bin die Teile und das Ganze.
Ich bin der Wille; mein Platz ist zwischen
    Himmel und Erde.
Ich habe Wahrnehmung erschaffen in dir,
    nur damit du Gegenstand meiner
    Wahrnehmung seist.

Wenn du dann mich wahrnimmst, so nimmst
    du dich wahr.
Aber du kannst mich nicht durch dich selbst
    wahrnehmen.
Mit meinen Augen siehst du mich und siehst
    du dich.
Mit deinen Augen kannst du mich nicht sehen.

Innig Geliebter!
Ich habe sooft nach dir gerufen, und du hast
    mich nicht gehört.
Ich habe mich dir sooft gezeigt, und du hast
    mich nicht gesehen.
Ich war sooft feiner Duft, und du hast mich
    nicht gerochen,

schmackhafte Speise, und du hast mich nicht
   geschmeckt.
Warum kannst du mich nicht erreichen
   durch das Ding, das du berührst,
oder mich eratmen in den süßen Düften?
Warum siehst du mich nicht?
Warum hörst du mich nicht?
Warum? Warum? Warum?
Für dich übertrifft mein Entzücken jedes andere
   Entzücken,
und die Freude, die ich dir bereite, übersteigt
   jede andere Freude.
Für dich bin ich all den anderen guten Dingen
   vorzuziehen.
Ich bin Schönheit, ich bin Gnade.

Liebe mich, liebe mich allein.
Liebe dich in mir, in mir allein.
Klammere dich an mich,
niemand ist innerlicher als ich.
Andere lieben dich um ihretwillen,
ich liebe dich um deinetwillen,
und du, du fliehst mich.

Innig Geliebter!
Du kannst mir nie gerecht werden,
denn wenn du dich mir näherst,
so nur, weil ich mich dir genähert habe.

Ich bin dir näher als du selbst,
als deine Seele, als dein Atem.
Wer unter all den Geschöpfen
wird dich behandeln, wie ich es tue?
Ich bin deinetwegen auf dich eifersüchtig.
Ich will nicht, daß du anderen gehörst,
nicht einmal dir selbst.
Sei mein, sei für mich, wie du in mir bist,
obwohl du dir dessen nicht einmal gewahr bist.

Innig Geliebter!
Laß uns die Vereinigung suchen.
Und wenn wir die Straße finden, die zur
    Trennung führt,
werden wir die Trennung aufheben.
Laß uns gehen Hand in Hand.
Laß uns eintreten in die Gegenwart der
    Wahrheit.
Laß sie unser Richter sein
und ihr Siegel auf unsere Einheit pressen
in Ewigkeit.

Stirb, bevor du stirbst

Wenn Sie sterben, und wir werden alle einmal sterben, dann nehmen Sie zwei Dinge mit – vorzugsweise nur eines, normalerweise aber zwei. Das erste ist all das, was Sie für notwendig halten, und das zweite ist das Wissen, das Sie in dem Augenblick darüber haben, wer Sie sind, nämlich eine einzigartige Erscheinung Gottes. Wenn Sie um die Einheit Gottes wissen, gibt es keine Wiedergeburt. Deshalb sagte mein Lehrer in *Ich ging den Weg des Derwisch* auf meine Frage „Gibt es so etwas wie Wiedergeburt?": „Willst du das wirklich wissen, kannst du dich dem stellen?" Früher hätte ich mich dem nicht stellen können, und ich behaupte nicht, daß wir alle es heute können; aber Wiedergeburt hängt nur von den Bedürfnissen ab, die wir glauben in dieser Welt zu haben. Zu denken, wir bräuchten irgend etwas, ist eine Illusion.

Und so könnten Sie fragen: „Also, was geschieht denn, wenn ich sterbe? Existiere ich weiter?" Und meine Antwort lautet, daß Sie seit Anbeginn der Zeit hier waren. Es ist weder vor- noch zurückgehen, weder auf- noch hinuntersteigen. Tod ist die große Illusion; Tod und Empfängnis sind der gleiche Augenblick; und alle Schöpfung geschieht in einem Augenblick und ist immer in einem Augenblick geschehen.

Stellen Sie sich jetzt vor, daß wir im Leben sterben werden. Wir streben nach dem Höchsten. Und damit meine ich jeden einzelnen Augenblick in unseren Leben. Dies erweist sich auch im sogenannten physischen Tod als wahr. Was Sie mit in den Tod nehmen ist alles, was Sie glauben zu brauchen, und all Ihr Wissen darüber, wer Sie sind. Und letzteres hängt vom Mangel oder Verlust des ersteren ab. Jeder einzelne Augenblick, in dem wir die Idee aufgeben, irgend etwas in diesem Leben zu brauchen, bringt uns, so Gott will, an den Punkt, wo wir ein wenig Wissen von der Wahrheit allen Lebens haben.

Ich kann nicht über das Totsein reden, denn ich bin nicht tot. Aber ich kann sagen, was es heißt, auf dem Totenbett zu liegen, weil ich es zweimal erlebt habe. Ich kann sagen, es ist in diesem Augenblick frustrierend zu erkennen, daß wir nichts mitnehmen, und es ist in diesem Augenblick recht seltsam zu bedenken, daß alles, was wir mitnehmen, Bedürfnisse sind.

Ich habe im Laufe meines Lebens bei vielen Menschen am Totenbett gesessen. Und, ohne Ausnahme irgendeines Alters, gab es da diesen Augenblick der Wahrheit, in dem vollkommener Friede ist. Auf dem Weg der Sufis arbeiten wir daraufhin, zu sterben, bevor wir sterben. Der Verstand aber sagt, dies geschieht morgen oder im nächsten Jahr, nachdem ich irgendeine Art von Schularbeit gemacht habe bzw. diese oder jene Übung. Die Wirklichkeit ist aber überhaupt nicht so. Was Sie mit hinübernehmen sind im Grund zwei Dinge: das, was Sie immer noch glauben im Leben zu brauchen, und das Wissen darum, wer Sie sind. Und das letztere, wie ich schon sagte, hängt vom Verlust des ersteren ab. Wenn wir am Morgen aufwachen, am Abend zu Bett gehen, sitzen und meditieren, eine Mahlzeit einnehmen, unsere Kinder sehen, uns lieben und zugleich ganz ohne Bedürfnisse sein können – dann haben wir die Chance eines bewußten Todes.

Der französische Ausdruck für Orgasmus ist „der kleine Tod", *la petite mort*. Wenn wir so sein könnten, dann würden wir die Arbeit tun. Wir haben kein Bedürfnis, überhaupt kein Bedürfnis. Arbeiten Sie jeden Tag daran, kein Bedürfnis zu haben.

Zum Schluß möchte ich noch sagen, wie man stirbt. Die Antwort ist: indem man gibt. Die Antwort liegt im Wort „geben" – sonst nichts, kein anderes Ding, kein anderes Wort, kein anderer Ausdruck. Nur wenn wir vollkommen geben, werden wir kein Bedürfnis haben. Nur wenn wir uns selbst völlig leer machen, sind wir auf dem Weg zu lernen, wie man stirbt.

Drehen

Sobald sich der Vorhang zum Spiel des Lebens hebt, fällt das Licht Gottes auf uns hernieder. Und doch, so selten sehen wir dieses Licht. Wir sehen nur seine Spiegelungen in den Wassern vom Schattenspiel des Lebens. Die Bühne ist bereit. Die Vorhänge heben sich, einer nach dem anderen. Wir beobachten das Spiel; wir sitzen vor dem Spiegel, und doch drehen wir uns nicht, um das Licht selbst zu schauen.

Die Höhle liegt vor uns. Die schattigen Figuren bewegen und wiegen sich im Wind. Vielleicht erhalten wir für wenige Augenblicke eine Kostprobe des Lichts, wenn zwischen zwei Gedanken die Schatten fallen. Und dann geht das Spiel wieder weiter.

Zeit spinnt ein Netz von der Vergangenheit in die Zukunft. Wir versuchen ihm zu entfliehen, sind aber eingesperrt, gefangen wie Fliegen auf dem Honig der Zeit. Sie ist süß, diese unsere Welt. Und doch müssen wir uns umdrehen. Wir müssen zurückkehren zu unserem Ursprung.

Wir können nicht ewig, gebeugt über diesem Rad der immerfort treibenden Illusion, warten.

Wir müssen anhalten; für eine Weile auf unseren Wegen stillstehen. Wir müssen einmal zurückschauen, um zu sehen, woher wir gekommen sind, und uns dann, ganz, ganz langsam vom Spiel abwenden. Es ist nicht länger unser Zuhause. Wir wenden uns unserem einzigen wahren Zuhause zu, dem Zuhause des Geliebten.

Drehen – uns dem Morgen unseres Lebens zuwenden. Endlich erwacht der Tag, denn nun kommt er aus unserem wirklichen Anfang, wo wir uns nicht drehten. So lange haben wir geglaubt, unser Anfang liege hinter uns, in den entfernten Echos der Vergangenheit. Doch dieser Anfang kommt, sobald wir der Vergangenheit den Rücken gedreht haben, dankbar und weise, sobald wir uns von der falschen Sicherheit, von allem, was wir wußten, abgewendet haben und uns auf unseren wirklichen Anfang hindrehen. Dies ist unsere wahre Geburt – der erste Schritt, den wir auf dem Weg der Rückkehr tun. Weiter und weiter drehen wir uns zurück zu diesem immerwährenden Anfang unserer Leben. Freude sprüht aus dem Licht hinter der Sonne. Dies ist die triumphierende Sonne der Sonnen, der König der Könige. Dies ist der Anfang des ewigen Lebens.

Einst dachten wir, dann dachten wir nicht. Wir drehten uns Gott zu, nicht zur vergehenden Schattenwelt. Einst drehten wir uns Gott zu, dann drehten wir in Gott, so wie Er sich selbst in uns drehte. Wir hörten die gute Nachricht, wir sahen die gute Nachricht, und wir verkündeten die gute Nachricht, indem wir uns einmal mehr seiner Schöpfung zuwenden. Trennung wird in Einheit aufgelöst. Gott und Seine Schöpfung werden schließlich als eins erkannt. Wir drehen uns, und die Welt dreht sich zurück zu Ihm. Es gefällt Ihm, seine geliebten Diener zu empfangen. Er lächelt, wenn wir lächeln. Er verherrlicht, wenn wir verherrlichen. Wir sind in Ihm, so wie Er in uns ist. Wir vergehen in den Schatten und werden im Licht der Wahrheit wiedergeboren. Wir sterben im Licht der Wahrheit und werden wiedergeboren im Licht der Essenz. Und wir sterben in der Essenz, denn wir wissen, es gibt nur Ihn, durch dessen Verkleidung die Welt geboren wurde.

„Ich war ein verborgener Schatz und sehnte Mich danach, erkannt zu werden; also erschuf Ich die Welt, auf daß Ich erkannt werde."

HADITH DES PROPHETEN MOHAMMED

Vernunft ist machtlos angesichts der Liebe.
Liebe allein kann die Wahrheit der Liebe und
   des Liebenden enthüllen.
Der Weg unserer Propheten ist der Weg
   der Wahrheit.
Wenn du leben willst, stirb in Liebe.
Stirb in Liebe, wenn du lebendig bleiben willst.

MEVLANA JALALUDDIN RUMI

Über den Autor

Reshad Feild ist Autor von über einem Dutzend Bücher, die, in mehrere Sprachen übersetzt und weltweit in hohen Auflagen verkauft, zu den Eckpfeilern modernen spirituellen Gedankenguts zählen. Reshad Feilds Reisen haben ihn von seiner Heimat England zu fernen Orten Indiens, Amerikas und Europas geführt; unter anderem war er Popstar, Börsenmakler, Antiquitätenhändler. Sein ganzes Leben war eine beständige Suche nach immer feineren Dimensionen der Wahrheit. Berührt von den Lehren G.I. Gurdjieffs und P.D. Ouspenskys, dem tibetischen Buddhismus und dem Zusammentreffen mit tibetischen Lamas, amerikanischen Indianern und Schamanen sowie Meistern des Sufi-Pfades, begegnete er schließlich seinem wahren Lehrer.

. . .

1934 in England geboren, verließ Reshad Feild nach Abschluß einer typischen britischen Erziehung die englische Internatsschule Eton und trat in die Königliche Marine ein, wo er den damals obligatorischen zweijährigen Dienst absolvierte. Anschließend ging er nach London, um während einer kurzen Zeitspanne unter anderem an der Börse und in der Werbung tätig zu sein. Zu der Zeit kaufte er sich eine Gitarre und sang schon sehr bald nachts in einem Restaurant. Dies führte zur Bildung der Band, die sich *The Springfields* nannte und in den folgenden Jahren sehr berühmt wurde: 1963 erhielt sie die Auszeichnung als beste Gesangsgruppe. Als sie sich auflöste, stiegt Tim, wie er damals genannt wurde, ins Antiquitätengeschäft ein. Kurz danach trat ein Ereignis ein, welches sein Leben vollständig veränderte.

Als Reshad eines Morgens ein Antiquitätengeschäft betrat, begegnete er dem Mann, welcher während der nächsten Jahre sein spiritueller Lehrer werde sollte: „Hamid", wie ihn Reshad in seinen ersten beiden Büchern *Ich ging den Weg des Derwisch* und *Das Siegel des Derwisch* nennt. Durch „Hamid" traf Reshad Suleyman Dede, der zu jener Zeit der Scheik der Mevlevi Derwische in Konya (Türkei) war. Dort wurde Reshad in vielen ihrer inneren Lehren unterwiesen, die über 700 Jahre zurückgehen. Ebenfalls in dieser Zeit wurde sein Name zu Reshad geändert, was seinem ursprünglichen Vornamen Richard sehr ähnlich ist. Reshad Feilds erstes Buch wurde weltweit sehr bekannt. Es folgten viele weitere Bücher, Vortrags- und Musikaufnahmen und Jahre ausgedehnter Lehr- und Seminartätigkeit. Insgesamt 16 Jahre verbrachte Reshad Feild in den USA, bevor er 1986 in die Schweiz übersiedelte, wo er heute lebt.

Das ganze Leben von Reshad Feild war ein Abenteuer und eine unablässige Reise durch die Welt auf der Suche nach Wahrheit und der inneren Bedeutung des Lebens, wie wir es sehen. Wenn wir die Bücher Reshad Feilds lesen, realisieren wir, daß es *eine essentielle Wahrheit* ist, welche die Grundlage unserer Existenz auf der Erde bildet, und wir sind eingeladen, einige der Fragen mit ihm zu teilen, die im Herzen aller wahrhaft Suchenden auftauchen. Uns wird ein Geschmack der wirklichen Freiheit gegeben, die wir in unserem täglichen Leben erfahren können. Wir entdecken, daß wirkliches Leben *hier* ist, in dieser Welt, und nicht in der Illusion eines spirituellen Traumlandes.

. . .

Für den Kontakt zu Gruppen, mit denen Reshad Feild arbeitet, wenden Sie sich bitte an: Chalice, Postfach 343, CH-8042 Zürich.

Charles Tart
Hellwach und bewußt leben

Ein faszinierendes und sehr hilfreiches Buch, das leicht verständlich aufzeigt, wie Lebensfreude und das innere Potential der Kinder durch die Erziehung und Einflüsse der Gesellschaft verschüttet werden, wie dies verhindert werden könnte und vor allem auch, wie wir, als Erwachsene, die in uns liegenden Möglichkeiten wiederentdecken können.

Charles Tart ist ein führender Vertreter der Transpersonalen Psychologie und der modernen Bewußtseinsforschung. Sien Hauptinteresse gilt der vollen und harmonischen Entfaltung des Menschen, wobei er auf langjährige Erfahrungen in der Tradition des „Vierten Weges" und eine intensive Zusammenarbeit mit seinem Freund und Lehrer Sogyal Rinpoche zurückgreifen kann.

Charles Tart
Die innere Kunst der Achtsamkeit

In diesem Buch zeigt Charles Tart anhand seiner eigenen Erfahrungen mit Lehren Gurdjieffs und dem Buddhismus, welch ungeheuren Nutzen die Anwendung der Achtsamkeit im täglichen Leben bringt. Ich bin sicher, daß die Übungen, die er uns hier anbietet, Menschen jedwegen Hintergrundes und spiritueller Neigung viel zu geben haben und sie befähigen werden, mit jedem Aspekt ihres Seins an diesem kraftvollsten, wunderbarsten und heilsamsten aller Orte zu leben — im gegenwärtigen Moment.
SOGYAL RINPOCHE

Sheikh Muzaffer Ozak
Liebe ist der Wein
Lehrgespräche eines Sufi-Meisters
Großzügigkeit, Glaube, Selbsterkenntnis, Hingabe, Liebe… Diese Themen entfalten sich aus den Gesprächen und Erzählungen des türkischen Sufi-Meisters Sheikh Muzaffer Ozak. Als ein wunderbarer Geschichtenerzähler voller Humor, Liebe und Mitgefühl war er bestens dazu geeignet, den Reichtum der Sufi-Tradition in den Westen zu bringen.
Ein wunderschönes und bewegendes Buch, dessen Tiefe und Weisheit seine Leser unmittelbar zu berühren vermögen.

Meiner Meinung nach das beste, was zur Zeit zu belommen ist. Ich mache mir ein Fest daraus!
RESHAD FEILD

Reshad Feild u. a.
Flutemaker
CD und MC, 64 Minuten
Auf dieser CD – all jenen Menschen gewidmet, die den Mut haben, dem Klang der Wahrheit in ihrem eigenen Herzen zu folgen – stellt Reshad Feild seine Lieder vor.

 Unseren Gesamtkatalog schicken wir Ihnen auf Anfrage gerne zu!
Arbor Verlag • Am Saisen 4 • 79348 Freiamt
Fax: 07645/ 91 30 51

Jack Kornfield & Christina Feldman
Weisheitsgeschichten aus aller Welt
Gesamtausgabe
Mit einem Vorwort von Jon Kabat-Zinn
*Das unbezahlbare Geschenk einer guten Geschichte
liegt in ihrer Kraft, in unserem Inneren
ein Feuer zu entfachen.*
Dies ist den bekannten buddhistischen Meditations-
lehrern Jack Kornfield und Christina Feldman mit die-
sem Buch sicherlich auf vielfältige Weise gelungen.
Selten hat eine Geschichtensammlung ein solch ein-
heitlich begeistertes Echo hervorgerufen wie dieses.
Mit seinen kurzen und langen, humorvollen und be-
wegenden, buddhistischen, christlichen, chassidischen,
indianischen und Sufigeschichten, ist es ein ideales
Buch für den Nachttisch und ein wunderschönes Geschenk!
Wundervolle und zutiefst inspirierende Geschichten
DANIEL GOLEMAN

Myla & Jon Kabat-Zinn
Mit Kindern wachsen
Die Praxis der Achtsamkeit in der Familie
Mit Kindern wachsen ist das ideale Buch für alle, die
die Essenz der ihnen anvertrauten Kinder erkennen und
bewahren wollen. Myla und Jon Kabat-Zinn, langjäh-
riger Schüler von Thich Nhat Hanh machen deutlich,
daß das Leben mit Kindern ein eigener spiritueller Weg
von ungeahnter Tiefe und Erfüllung sein kann.

Endlich ein emotional inteligenter Ratgeber für Eltern!
DANIEL GOLEMAN